Dominique
Le Tourneau

TUDO
SOBRE
SÃO
JOSÉ

Tradução de
Felipe Lesage

ECCLESIAE

Tudo sobre São José: Como conhecê-lo, imitá-lo e pedir sua intercessão
Dominique Le Tourneau
1ª edição — outubro de 2021 — CEDET
Título original: *Tout savoir sur Saint Joseph*. Paris: Éditions Artège, 2020.
© 2020, Groupe Elidia
Éditions Artège
10, rue Mercoeur – 75011 Paris
9, espace Méditerranée – 66000 Perpignan
www.editionsartege.fr.

Os direitos desta edição pertencem ao
CEDET — Centro de Desenvolvimento Profissional e Tecnológico
Av. Comendador Aladino Selmi, 4630 — Condomínio GR2, módulo 8
CEP: 13069-096 — Vila San Martin, Campinas-SP
Telefone: (19) 3249-0580
e-mail: livros@cedet.com.br

Editor:
Verônica van Wijk Rezende

Tradução:
Felipe Lesage

Revisão:
Fernando Hampar Tossunian

Preparação de texto:
Laís Toder

Diagramação:
Gabriel Hidalgo

Capa:
Renan Franciscon Marques

Leitura de provas:
Marília Magalhães
Luiz Fernando Alves Rosa
Flávia Regina Theodoro

Conselho editorial:
Adelice Godoy
César Kyn d'Ávila
Silvio Grimaldo de Camargo

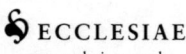
www.ecclesiae.com.br

Reservados todos os direitos desta obra.
Proibida toda e qualquer reprodução desta edição por qualquer meio ou forma, seja ela eletrônica, mecânica, fotocópia, gravação ou qualquer outro meio de reprodução, sem permissão expressa do editor.

SUMÁRIO

Introdução 7

Capítulo i. São José nos Evangelhos
A genealogia de José 13
José, o esposo de Maria 16
A Visitação de Maria a sua prima Isabel 21
A anunciação a José 23
A vocação de José 25
A virgindade de José 26
As dúvidas de José 28
O recenseamento em Belém 32
O nascimento do Salvador 33
Os irmãos e as irmãs de Jesus 35
A adoração dos pastores 37
A paternidade de José 38
A circuncisão e a apresentação no Templo 45
A adoração dos magos 48
A fuga para o Egito 50
O massacre dos Santos Inocentes 54
A vida ordinária em Nazaré 54
A missão de São José 61
O reencontro de Jesus no Templo 63
A morte de José 66
A ressurreição de José 70
O Céu e São José 71
A Paixão de Jesus e São José 73

Capítulo ii. São José na Bíblia
José anunciado no Antigo Testamento 77
João Batista e São José 83
Os apóstolos e São José 84
São José e os anjos 85

Capítulo iii. São José nos escritos apócrifos
O proto-evangelho de Tiago 91
Os atos de Tomé 93

O evangelho do pseudo-Tomé 93
A *História de José, o carpinteiro* 94
A ascensão de Isaías 95
A carta dos apóstolos 96
O evangelho árabe da infância 97
O evangelho do pseudo-Mateus 97
Os evangelhos latinos da infância 98
O livro da natividade de Maria 99
A história médio-oriental de Isidoro 99
O pseudo-Boaventura (séc. XIII) 100
Pseudo-Orígenes 101

Capítulo IV. São José segundo os papas
Excertos de comentários dos Pontífices sobre São José 107

Capítulo V. A santidade de São José
A hipótese de uma concepção imaculada de José 141
A virgindade de José 143
A Trindade e São José 146
São José e a contemplação 148
As virtudes de São José 149

Capítulo VI. Aparições e milagres de São José
As aparições 171
Milagres atribuídos a São José 176

Capítulo VII. Rezar a São José
A cronologia da devoção e do culto a São José 181
São José na liturgia católica 184
São José e a missa 189
O culto ao coração de José 190
Patrono da boa morte 191
Patrono da Igreja Universal 192
A intercessão de José 195
Santuários 203

Introdução

Maria é, sem dúvida, uma figura excepcional na história da humanidade. Somente ela é a Imaculada Conceição, preservada previamente da mácula do pecado original a fim de tornar-se Mãe, segundo a carne, de Jesus Cristo, o Filho eterno de Deus Pai, o qual se tornou também, graças a ela, verdadeiro Homem que "passou pelas mesmas provações que nós, com exceção do pecado" (Hb 4, 15), garantindo assim nossa Redenção.

Mas o chefe da Sagrada Família, que se constitui em Belém quando nasce o Salvador, não é Maria. É José. Não seria possível, portanto, ignorá-lo. Ainda que discreto, seu papel é importante. Por isso, não podemos separar José de Maria.

Em dezembro de 1971, quando se aproximava a festa de Natal, fui testemunha da seguinte cena: São Josemaría, fundador do Opus Dei, havia solicitado que se confeccionassem bonequinhos em terracota para um presépio. Uma vez prontos, os bonecos foram levados até ele, envoltos em papel *kraft*. A estatueta da Virgem Santa, de dimensões consideráveis, foi a primeira a ser retirada e posta sobre uma mesa. Em seguida retirou-se aquela de São José; a pessoa que a segurava em suas mãos a instalou um pouco longe da primeira. São Josemaría reagiu imediatamente, dizendo: "Não me separem Maria de José!". Dito de outro modo, coloquem-nos lado a lado no presépio, e não os separemos tampouco em nossa vida interior.

É nesse espírito que empreendemos a redação desta nova obra, dedicada a São José. Esperamos que ela possa se tornar uma obra de referência sobre o santo patriarca, ajudando a tirá-lo do silêncio no qual ele esteve recluso, e no qual ele às vezes permanece envolto.

O primeiro capítulo, o mais longo de todos, segue os relatos evangélicos da infância de Jesus Cristo, escritos por São Mateus e São Lucas, concentrando-se na pessoa de José, chamado a servir como pai terrestre de Jesus. Ele relata os acontecimentos conhecidos, o casamento de José e Maria, a Visitação de Maria à sua prima, Santa Isabel, o recenseamento decretado pelo imperador Augusto, a Natividade em Belém, a adoração dos pastores, a circuncisão de Jesus, a vinda dos magos, a fuga para o Egito e o massacre dos Inocentes, o reencontro de Jesus no Templo aos doze anos de idade. Mas esse capítulo permite também que se desenvolvam muitos outros temas: a origem e a genealogia de São José, a anunciação por ele recebida, suas "dúvidas" quando ele constata que Maria está grávida, a questão dos irmãos e das irmãs de Jesus, a natureza da paternidade de José para com este último e as heresias a esse respeito, os "silêncios de José", sua vocação, sua decisão de preservar sua virgindade, sua profissão, seu relacionamento com Maria, a guarda de Jesus por ele garantida, sua missão, a vida ordinária em Nazaré, a dignidade particular de José, os diversos patronatos que lhe são conferidos, sua idade e sua morte, sua sepultura, sua ascensão, sua ressurreição, sua glória no Céu, os elos de José com a Paixão de Jesus...

É fácil encontrar "símbolos" ou prefigurações de José no Antigo Testamento. O primeiro dentre eles é o patriarca José, filho de Jacó, vendido por seus irmãos e conduzido como escravo até o Egito. Mas outros personagens também se reportam a ele, como Abraão, o próprio Jacó, Moisés e Davi, e também os "pobres do Senhor", até chegarmos em João Batista, o Precursor.

Nós mencionamos, de passagem, personagens mais recentes aos quais José também foi comparado, tais como os apóstolos e Santa Joana d'Arc. Trataremos também de sua superioridade com relação aos anjos (cap. II).

INTRODUÇÃO

Será interessante conhecer, em seguida, o que os escritos apócrifos dizem a respeito de São José. Eles são bastante loquazes a seu respeito, e serão com freqüência citados, até mesmo por Padres da Igreja.

O capítulo III nos dá uma amostra de treze desses apócrifos, desenvolvendo os mais importantes dentre eles. Ele se conclui com considerações sobre o Islã e São José, cuja presença aqui se justifica pelo fato de que o Corão se inspira em alguns desses relatos apócrifos na matéria.

O capítulo seguinte traz um fundamento magisterial à doutrina de São José e ao culto que lhe é prestado, servindo-se de citações de papas desde São Sirício, no século IV, até o Papa Francisco, que reina atualmente, e um excerto daquilo que diz o Concílio Vaticano II a seu respeito. É fácil constatar que as intervenções pontificais se tornaram mais freqüentes e mais abundantes a partir do bem-aventurado Papa Pio IX, no século XIX.

A santidade de São José é o tema do nosso capítulo V. Sua santidade em geral, partindo do princípio de que é necessário excluir a possibilidade de José ter sido pré-santificado no seio de sua mãe — aspecto que convém, entretanto, apresentar. A santidade de José é comentada sob diversos aspectos: sua imunidade à concupiscência, sua impecabilidade e sua virgindade. Tratamos, a seguir, de suas relações com o Espírito Santo e com a Santíssima Trindade, bem como da união hipostática. Passamos então à sua contemplação, ao seu papel de co-redentor, aos seus privilégios e às suas virtudes, especialmente a fé, a esperança, a caridade, a obediência, a beleza, a força da alma, a humildade, a pureza, a fidelidade, a prudência, a paciência, a pobreza e a simplicidade; também sua ciência. Esse capítulo se conclui tratando de seu modo de santificar seu trabalho e a natureza de sua oração, que faz dele um mestre de vida interior.

O capítulo VI, muito mais curto, descreve um certo número de aparições do santo patriarca, a mais conhecida delas tendo ocorrido em Cotignac, na França. Elas são, no entanto, muito mais numerosas do que se possa imaginar. Relatamos também alguns milagres atribuídos à intercessão do santo patriarca.

Nosso estudo prossegue então, logicamente, com o capítulo VII dedicado ao exame do culto e da devoção a São José, primeiramente tal como eles foram progressivamente se instaurando, com a posição tomada pelos diferentes papas nesse sentido. A liturgia — com missa, orações e hinos em honra a São José — ocupa o primeiro lugar. Então passamos à sua função de patrono da boa morte e de patrono da Igreja Universal. Seu papel de intercessor e sua missão junto aos pecadores são expostos antes de exibirmos uma compilação com os principais santuários que lhe são consagrados no mundo, o mais importante dentre eles sendo o Oratório São José em Montreal, no Canadá.

Quisemos tornar o texto leve, dispondo, ao longo de toda a obra, quadros que trazem complementos de informação ou detalhes, não exatamente acessórios, mas que julgamos ilustrativos do texto principal. Os parágrafos intitulados "Você sabia?" chamam a atenção do leitor para as particularidades mais anedóticas.

Que o leitor possa se inspirar em um homem discreto com o qual Nosso Senhor e a Santíssima Virgem Maria — e, em última instância, a Divina Providência — puderam contar para conduzirem a Sagrada Família em seu caminho neste mundo, e que cumpriu os planos divinos tanto quanto lhe era cabido fazer.

Solenidade de São José
Grenoble, 19 de março de 2020

CAPÍTULO I

São José nos Evangelhos

A genealogia de José

José é um nome próprio oriundo do hebreu יוֹסֵף (Yosef), que significa "ele aumentará", "ele acrescentará" ou "ele dará o crescimento". Esse patriarca é muito pouco mencionado nos Evangelhos e permanece, essencialmente, uma figura oculta. É apresentado como o pai de Jesus Salvador.

A genealogia de São José é dada por São Mateus, que designa Matã como sendo seu avô e Jacó como seu pai. Segundo o Padre J. Charbonnel, ele teve duas tias paternas, uma delas chamada Sobé — que era a mãe de Santa Isabel — e a outra chamada Ana, que foi a mãe da Santa Virgem. Seu irmão primogênito, Cléofas, teria tido cinco filhos, a saber: 1) Santa Maria Salomé, mãe dos apóstolos São Tiago Maior e São João evangelista; 2) São Tiago Menor, apóstolo e primeiro bispo de Jerusalém; 3) São José, apelidado o Justo, discípulo do Senhor; 4) São Judas, apóstolo; e 5) São Simeão, segundo bispo de Jerusalém, crucificado aos 125 anos de idade. Note-se, de passagem, o número de santos presentes na família de Jesus. Charbonnel indica que José nasceu em Nazaré, no primeiro ano do reinado de César Augusto, e acrescenta que "para estabelecer a data de seu nascimento com tal precisão, partimos da tradição segundo a qual nosso santo teria quarenta anos ao casar-se com a bem-aventurada Virgem Maria. Baseamo-nos também no Martirológio Romano, que indica o nascimento de Nosso Senhor no quadragésimo segundo ano do reinado de Augusto".

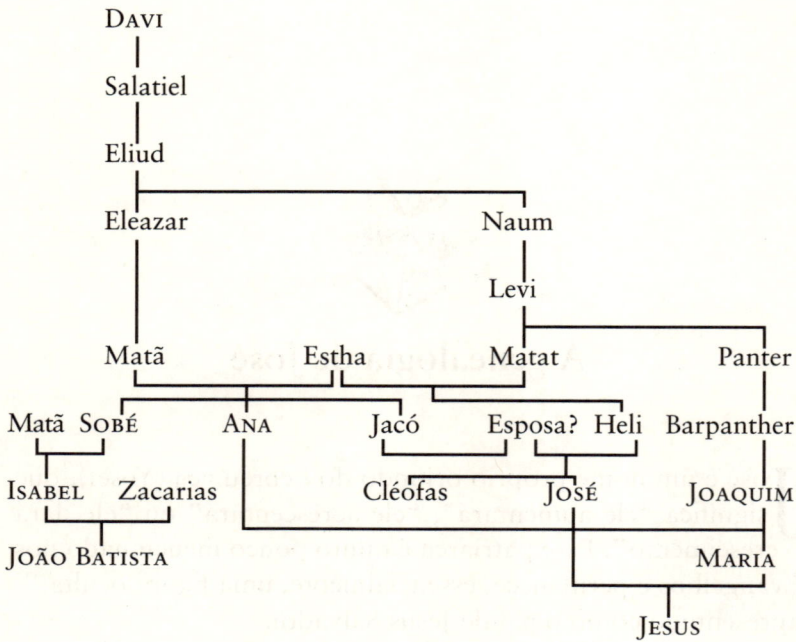

[Deus acrescentará]

"José, em hebraico, significa Deus acrescentará. Deus acrescenta à vida santa daqueles que realizam sua vontade, e o faz em dimensões inimagináveis: o importante, o que dá valor a todas as coisas, o divino. À vida humilde e santa de José, Deus acrescentará, por assim dizer, a vida da Virgem Maria e aquela de Jesus Nosso Senhor. Deus não se deixa jamais vencer em termos de generosidade. José podia fazer suas as palavras de Santa Maria, sua esposa, *quia fecit mihi magna qui potens est*: porque realizou em mim maravilhas aquele que é poderoso, *quia respexit humilitatem*, porque olhou para sua pobre serva" (São Josemaría, *É Cristo que passa*).

Aludindo à alegria de Raquel (ver cap. II), escreveu-se que "José é um nome de gratidão e de desejo. Podemos supor a ressonância desse nome nos lábios e no coração de Maria quando ela o dava a seu noivo. Ambos desejavam a vinda de um outro, aquele que é 'desejado pelas nações'. Ao pronunciar esse nome, Maria entrevia todo um comovente capítulo da história de seu povo, e, ao mesmo tempo, um anúncio misterioso do futuro" (B. Martelet).

Ao mesmo tempo, José pertence à linhagem do rei Davi. O fato de se dizer que ele pertence à "casa de Davi" (Lc 1, 27), "da casa e família de Davi" (Lc 2, 4) e que ele é "filho de Davi" (Mt 1, 20) é particularmente importante, pois, segundo as Escrituras, "o Cristo há de vir da família de Davi, e da aldeia de Belém, onde vivia Davi" (Jo 7, 42). Ora, devido a um édito de César Augusto "ordenando o recenseamento universal", todos devem ir recensear-se em suas cidades de origem. Foi por isso que "José subiu da Galiléia, da cidade de Nazaré, à Judéia, à cidade de Davi, chamada Belém, porque era da casa e família de Davi" (Lc 2, 4).

Quando o anjo prediz a Maria que, ao filho que ela daria à luz, "o Senhor Deus lhe dará o trono de seu pai Davi" (Lc 1, 32), ele dá a entender, como sentido imediato, que Jesus descende de Davi por Maria. Ao qualificar Isabel como prima de Maria (Lc 1, 37), ele a faz dependente da linhagem sacerdotal. Mas nada impedia os casamentos entre descendentes da linhagem davídica e da linhagem sacerdotal. De todo modo, Jesus podia inscrever-se na linhagem de Davi por seu pai adotivo, já que a pertença jurídica à linhagem era determinada pelo pai legal.

"Sim, José é verdadeiramente da casa de Davi, ele descende realmente de linhagem monárquica, esse homem. Nobre de raça, e ainda mais nobre de coração! Ele é em tudo filho de Davi, e nada nele degenera a herança de seu pai Davi! Sim, ele descende de Davi em linhagem direta, menos pela carne do que pela fé, do que pela santidade e pela devoção. O Senhor o encontrou segundo seu coração, como um novo Davi, e lhe confiou, em toda segurança, o mais íntimo e santo dos segredos de seu coração" (São Bernardo, *Homilia II super Missus est*, 16).

Ele é o homem dos dois Testamentos. "Ele traz em seu coração todas as promessas do Antigo, com a certeza de que tudo está consumado, e, ao mesmo tempo, a alegria da Nova Aliança, que ele possui sob seu próprio teto. José, o homem de Deus, vem apoiado pelos profetas. Ele traz consigo todo o passado; seu sangue é aquele dos patriarcas. Herdeiro de sua fé, ele caminha serenamente por onde Deus o conduz. Firme em sua esperança, ele jamais vacilou. Essa firmeza na fé permite que a Virgem Maria cumpra o papel que Deus lhe havia confiado" (B. Martelet).

[A idade de José]

A apócrifa *História de José, o carpinteiro*, afirma que José morre aos 111 anos, após uma vintena de anos passados junto a Jesus. Pierre d'Ailly (1351–1420) é o primeiro a falar em um José jovem. Gerson (1363–1429) segue a mesma tendência. Para este, José era um homem jovem, ativo, de uma perfeita pureza, de uma santidade eminente, certamente santificado, qual João Batista, no seio de sua mãe (ver cap. v).

Na iconografia, é tardia a representação de um José envelhecido. A velhice, aparente em muitas de suas imagens antigas, combinada com a influência dos escritos apócrifos, deve ter contribuído fortemente para convencer artistas e poetas, nos anos subseqüentes, quanto à sua idade avançada. A razão desse envelhecimento reside em uma visão negativa da castidade, considerada como impossível para um homem jovem. Seria fazer pouco caso da santidade inicial de José...

José, o esposo de Maria

"Eis como nasceu Jesus Cristo: Maria, sua mãe, estava desposada com José. [...] Eis que um anjo do Senhor lhe apareceu em sonhos e lhe disse: 'José, filho de Davi, não temas receber Maria por esposa'" (Mt 1, 18.20). Podemos nos questionar: "Talvez fosse a primeira vez que o descendente longínquo de Davi ouvisse uma saudação com um tal título de realeza. Ainda assim, o anjo lhe concede esse título em plena consciência: José só pertencia à raça real, só era filho de Davi em vista dessa hora; em José, é o 'filho de Davi' que ora importa. Detentor de promessas messiânicas, é preciso compreender que as profecias estão em via de realização. Detentor de direitos e privilégios reais, necessitamos dele para transmiti-los ao mais ilustre de todos os filhos de Davi" (P. Buzy).

José desposara Myriam ou Maria de Nazaré. Santo Tomás de Aquino dá algumas razões que explicam a conveniência dessa união, tanto para Jesus quanto para Maria e para os homens.

No que diz respeito a Nosso Senhor, isso lhe convém, em primeiro lugar, para que os infiéis não o rejeitem como sendo um filho ilegítimo. Se os judeus e Herodes tivessem perseguido um filho nascido de adultério, eles não teriam agido de modo censurável. Em segundo lugar, isso permite que se trace a genealogia do Cristo em linhagem masculina, tal como era o costume à época. Ademais, o recém-nascido está assim protegido contra os ataques que o demônio poderia lançar sobre ele, com ainda maior violência, de modo que, como aponta Santo Inácio de Antioquia, Maria casara-se "a fim de que sua concepção permanecesse oculta ao diabo" (Ep 19, 1). Quanto à Santa Virgem, sua união com José lhe permitia preservar-se dos castigos impostos a toda mulher adúltera. Ela se via, assim, protegida contra a desonra, desposando-se "para poupar-se do estigma infame de uma virgindade perdida", como observa Santo Ambrósio. E em última instância, segundo São Jerônimo, "para mostrar o auxílio que José pôde lhe oferecer". Enfim, o casamento de Maria e José nos convinha também a nós. Em primeiro lugar, o testemunho de José atesta que o Cristo nasceu de uma virgem, pois, como o indica ainda Santo Ambrósio, "ninguém dá maior testemunho quanto à modéstia de uma mulher do que seu marido, que poderia ressentir-se em caso de injúria, buscando vingar-se pela afronta, se ele não tivesse aí conhecido um mistério". Além disso, a palavra de Maria, ao afirmar sua virgindade, ganha assim credibilidade. Santo Tomás encontra aí também um símbolo de toda a Igreja que, "ainda que virgem, casou-se com um único esposo, o Cristo", como escreve Santo Agostinho. Enfim, em Maria são honrados o casamento e a virgindade, "contra os hereges que tentam rebaixar um ou outro".

José é o "esposo de Maria, da qual nasceu Jesus, que é chamado Cristo" (Mt 1, 16). O anjo Gabriel é enviado "a uma virgem desposada com um homem que se chamava José, da casa de Davi" (Lc 1, 27). Como o imperador Augusto havia ordenado que se recenseasse toda a terra, José parte rumo a Belém, "para se alistar com a sua esposa, Maria, que estava grávida" (Lc 2, 5).

De acordo com esses diferentes textos, Maria é reconhecida como a esposa de José, mesmo que eles ainda não vivessem sob o mesmo teto no momento em que ela recebeu a embaixada do arcanjo São Gabriel anunciando sua Maternidade divina por vir: isso se deduz claramente da questão colocada por Maria ao arcanjo logo após seu comunicado: "Como se fará isso, pois não conheço homem?". A dedução decorre não tanto da primeira parte, "Como se fará isso", como da continuação, "pois não conheço homem?" (Lc 1, 34); dito de outro modo: "já que sou virgem".

Seguindo aqui Santo Agostinho, reconhecemos nessa união um verdadeiro casamento, ainda que não haja união carnal, e que o nascimento de Jesus Cristo se deva à intervenção do Espírito Santo, tal como lhe é revelado durante seu sono: "José, filho de Davi, não temas receber Maria por esposa, pois o que nela foi concebido vem do Espírito Santo" (Mt 1, 20). O anjo havia declarado a Maria: "O Espírito Santo descerá sobre ti, e a força do Altíssimo te envolverá com a sua sombra. Por isso, o ente santo que nascer de ti será chamado Filho de Deus" (Lc 1, 35). Se o anjo "lhe fala de modo tão afetuoso durante um sonho, é para aprovar a justiça de seu silêncio" (São Jerônimo, *Comentário sobre São Mateus* 1, 20).

[Os profetas Isaías, Daniel e Jeremias anunciam um nascimento virginal]

> Quanto ao sinal solicitado,[1] Santo Irineu escreve: "'Nas profundezas abissais ou nos altos cumes', isso coincide precisamente com essa outra passagem que diz, a respeito do Cristo: 'Aquele que descia, era aquele mesmo que subia'. Quanto à frase: 'O próprio Senhor vos dará um sinal', ela marca evidentemente o que há de extraordinário nessa concepção: um prodígio tal que não poderia ter como autor senão o Senhor Deus, que o realizava para a casa de Davi. Que haveria de extraordinário ou milagroso no fato de uma adolescente dar à luz um filho após ter ficado grávida por operação de um homem, coisa que acontece a todas as mulheres que concebem? Mas como se tratasse do início de uma operação

---

1 Cf. Is 7, 10–14 — NE.

nova de salvação, pelo poder de Deus, a concepção de um novo gênero deveria, assim, se produzir por uma virgem, milagre operado por Deus como um sinal, e não por operação de um homem.

É por essa razão que Daniel, ao prever sua vinda, anuncia que 'uma pedra deslocando-se da montanha sem intervenção de mão humana' chegou neste mundo. Essa expressão, 'deslocando-se sem intervenção humana', significava que a indústria humana não teria parte nesse advento ao mundo; isso quer dizer: sem a operação de José, mas unicamente por cooperação de Maria com o plano divino. Essa 'pedra deslocando-se sem intervenção humana' produz-se pelo poder e arte de Deus. É ainda por essa razão que Isaías profetiza: 'o Senhor Deus lhes diz: Eu coloquei em Sião uma pedra, um bloco escolhido, uma pedra angular preciosa, de base'. Pois 'não é pela vontade do homem, mas pela vontade de Deus' que nós compreendemos o advento do Cristo segundo a carne" (Santo Irineu, *Adversus haereses* 3, 21, 6–7).

Você sabia?

São José na Alemanha

Leopoldo I, imperador da Alemanha, depois de ter salvo dos turcos a cidade de Buda, convencido de haver obtido a vitória pela intercessão de Maria e de José, os quais ele invocara, solicitou e obteve da Santa Sé autorização para celebrar, em seus domínios, a festa solene da casta aliança dos dois santos esposos virgens. Desde então, a devoção a Maria e José se difundiu rapidamente por toda a Alemanha (Patrignani).

Partindo dos bens do casamento identificados por Santo Agostinho, Santo Tomás de Aquino vê no casamento de Maria, Mãe de Deus Filho, com José, um verdadeiro casamento, pois ambos consentiram com uma união conjugal, mas "não com a união carnal, salvo sob uma condição: se Deus assim quisesse". É por isso que o anjo responde à questão de José, dizendo-lhe: "não temas receber Maria por esposa". Santo Agostinho dirá que ela "é chamada esposa em razão do primeiro compromisso do noivado, ela que não havia conhecido nem deveria jamais conhecer a união carnal".

Se por um lado esse casamento não foi consumado, por outro nele se verifica a perfeição relativa à educação da progenitura. "Todos os bens do casamento estão aí presentes", nota o bispo de Hipona, "o filho, a fidelidade e o sacramento. Podemos reconhecer o filho no Senhor Jesus, a fidelidade no fato de não haver nenhum adultério e o sacramento no fato de que não houve nenhuma separação. Uma só coisa está ausente: a união carnal".

Pedro Lombardo (c. 1100–1160) afirma, com Alberto Magno (1193–1280), que José não é pai de modo acidental, pois seu casamento fora ordenado por Deus Pai, para recepção e educação do Menino Jesus. Bossuet afirmará que, se é verdade que todo casamento apresenta, ao mesmo tempo, o contrato, o amor conjugal e os filhos, "Santo Agostinho encontra essas três coisas no casamento de São José, e nos mostra que tudo aí concorre para a preservação da virgindade. Ele encontra, primeiramente, nesse casamento, o sagrado contrato pelo qual um se dá ao outro, e é aí que devemos admirar o triunfo da pureza, na verdade desse casamento. Pois Maria pertence a José e José à divina Maria; de tal modo que o casamento deles é muito verdadeiro, pois um se dá ao outro. Mas de que modo é que eles se dão? [...] Eles oferecem, reciprocamente, suas virgindades, e nessa virgindade eles cedem, um ao outro, um direito natural. Qual direito? Aquele de preservá-la, um ao outro. Sim, Maria tem o direito de preservar a virgindade de José e José tem o direito de preservar a virgindade de Maria. [...] Jesus, essa criança abençoada, é oriundo, de certo modo, da união virginal desses dois esposos. Pois, ó fiéis, não dizíamos nós que foi a virgindade de Maria que atraiu Jesus Cristo desde o Céu? Não será Jesus essa flor sagrada, que a virgindade fez desabrochar? Não será ele o fruto bem aventurado produzido pela virgindade?".

Também São Bernardo (1090/91–1153) confirma a conveniência desse casamento: "Qual homem, vendo-a grávida antes do casamento, não a veria antes como uma mulher de má vida do que como uma virgem? Era necessário, a todo preço, que um tal pensamento a respeito da Mãe do Senhor fosse impossível. Era obviamente melhor que se estimasse o Cristo como fruto de uma união legítima do que como um filho do pecado".

[Maria, a nova Eva]

> "A Virgem Maria manifesta sua obediência por meio de suas palavras: 'Eis aqui a serva do Senhor. Faça-se em mim segundo a tua palavra'; mas Eva desobedece: ela não quis obedecer mesmo sendo virgem. Assim pois, esta última, ainda que unida a um homem e contudo ainda virgem ('o homem e a mulher estavam nus, e não se envergonhavam', pois tendo sido criados havia pouco tempo, eles ainda não tinham conhecimento quanto às coisas referentes à geração de filhos: era-lhes preciso primeiramente 'crescer' para que então 'se multiplicassem'), assim, em sua desobediência, tornou-se uma causa de morte para ela e para todo o gênero humano; ao passo que Maria, já comprometida em noivado com aquele que lhe era destinado, e ainda virgem, por sua obediência tornou-se uma causa de salvação para ela e para todo o gênero humano. É por isso que a Lei chama aquela que é destinada a um homem 'esposa' daquele do qual está noiva, ainda que ela permaneça virgem, indicando com isso a similaridade retroativa entre Maria e Eva; pois não se podia desligar aquilo que estava ligado sem que se retirasse, recuando, pela mesma via, as cordas que formavam um nó, de modo que esses primeiros liames fossem desatados pelos segundos, e os segundos pelos primeiros" (Santo Irineu, *Adversus haereses* 3, 22, 4).

A Visitação de Maria a sua prima Isabel

"Naqueles tempos", ou seja, a partir do momento em que ela recebeu a embaixada do arcanjo São Gabriel, "Maria se levantou e foi às pressas às montanhas, a uma cidade de Judá. Entrou em casa de Zacarias e saudou Isabel" (Lc 1, 39). O vilarejo no qual eles moram foi identificado como sendo Aïn Karim.

Isabel é uma prima da Virgem Maria. O arcanjo dissera a Maria: "Isabel, tua parenta, até ela concebeu um filho na sua velhice; e já está no sexto mês aquela que é tida por estéril, porque a Deus nenhuma coisa é impossível" (Lc 1, 37–38).

Portanto, Maria acaba de se colocar à sua disposição, durante os últimos três meses de sua gestação. Ela "ficou com Isabel cerca de três meses. Depois voltou para casa" (Lc 1, 56).

É da opinião de mais de um autor que São José teria acompanhado Maria nessa viagem. Essa idéia se encontra pela primeira vez em Santo Efrém (+373), e se incorporou à piedade da Igreja latina graças aos relatos de Gerson (1363–1429) sobre São José: "Será que ela estava sozinha nessa viagem? Não posso crer; e ainda que o Evangelho guarde silêncio a esse respeito, ouso afirmar que José ali estava". Parece perfeitamente plausível que José não tenha querido deixar sua jovem noiva realizar uma tão longa viagem sozinha. De outro modo, poderíamos duvidar um pouco da realidade de seu amor por Maria.

Esta é também a opinião de Bernardino de Laredo (1482–c. 1540): "É preciso notar que, ainda que não esteja escrito que seu mui santo esposo a tenha acompanhado em seu caminho, e que tampouco nada esteja escrito que nos impeça de pensar que eles tenham partido juntos, não é de bom senso, nem respeitoso para com o santo, nem tampouco aumentamos a honestidade verdadeira da Santíssima Virgem, enfim não é bom crer que José não tenha estado com ela". Essa piedosa opinião se encontra também em São Josemaría (1902–1975).

Ao partir de Aïn Karim, Maria volta para Nazaré. Logo surgem os sinais de sua maternidade. Eles não passam despercebidos a seus vizinhos nem a José, seu noivo. Este último se vê profundamente perturbado com esse fato, como vemos pelo relato de São Mateus (1, 18–25). Examinemos isso com cuidado, pois a concisão do evangelista levou diversos comentadores a uma falsa interpretação do drama que se desdobra na alma de José. A introdução solene da Santa Virgem na morada de seu esposo ainda não havia ocorrido, dado que seu estado é percebido antes que os dois comecem a viver juntos. Eles ainda se encontravam, portanto, no período de noivado: José ignorava o que ocorrera em Nazaré. Não pareceu adequado a Maria revelar-lhe seu segredo. Ela podia contar com a Providência para instruir seu esposo, em tempo oportuno. Ela, a "cheia de graça" (Lc 1, 28), cujas virtudes eram necessariamente conhecidas por seus próximos, não tinha por que temer nem a malevolência nem a calúnia, e seu noivado a colocava ao abrigo de toda suspeita por parte da turba anônima. Mas que podia pensar São José?

Alguns Padres da Igreja — raros, diga-se de passagem — especialmente Santo Agostinho e Santo Justino, conferem a São José um real sentimento de dúvida para com Maria. Mas o texto de São Mateus se opõe a essa exegese. De fato, Mateus escreve que "José, seu esposo, que era homem de bem, não querendo difamá-la, resolveu rejeitá-la secretamente" (Mt 1, 19). É por conta de sua justiça que José não teria podido denunciar Maria. Face a uma esposa tão perfeitamente serena, ornada com tantas virtudes, a memória da profecia de Isaías quanto à Virgem Mãe ou a hipótese de uma intervenção divina deveria se oferecer à sua alma, como o mostra sua obediência ao anjo que lhe aparecerá em sonho; mas, então, como poderia ele aceitar permanecer junto a uma Virgem tão privilegiada de Deus, e servir como pai ao filho que ela colocaria no mundo? Por humildade, ele pensa em se remover: "resolveu rejeitá-la secretamente" (Mt 1, 19).

Ainda vacilante em sua decisão, José será plenamente instruído: um anjo lhe aparecerá em sonho, e a mensagem por ele trazida dissipa sua inquietude. "José, filho de Davi, não temas receber Maria por esposa, pois o que nela foi concebido vem do Espírito Santo. Ela dará à luz um filho, a quem porás o nome de Jesus, porque ele salvará o povo de seus pecados" (Mt 1, 20).

A anunciação a José

Podemos dizer, portanto, que José foi beneficiado com uma anunciação paralela àquela recebida por Maria. "Eis como nasceu Jesus Cristo: Maria, sua mãe, estava desposada com José.

Antes de coabitarem, aconteceu que ela concebeu por virtude do Espírito Santo. José, seu esposo, que era homem de bem, não querendo difamá-la, resolveu rejeitá-la secretamente" (Mt 1, 19). Ele havia formado esse projeto, quando o anjo do Senhor lhe apareceu em sonhos e lhe disse: "José, filho de Davi, não temas receber Maria por esposa, pois o que nela foi concebido vem do Espírito Santo. Ela dará à luz um filho, a quem porás o nome de Jesus [quer dizer: 'o Senhor salva'], porque ele salvará o seu povo de seus pecados" (v. 20–21). Tudo isso se deu para que se cumprisse a palavra do Senhor proferida pelo profeta: "Uma virgem conceberá e dará à luz um filho, e o chamará 'Deus conosco'" [referência a Isaías 7, 14]. Ao acordar, José fez aquilo que o anjo do Senhor lhe havia recomendado: acolheu sua esposa em sua morada. Mas ele não teve relações com ela: "Ela deu à luz um filho, ao qual ele deu o nome de Jesus".

O relato da anunciação a São José cita o texto de Isaías 7, 14, segundo a versão dos LXX, modificando-o ligeiramente: a passagem "ela o chamará Emanuel" torna-se "a quem porás o nome", reforçando por aí a paternidade de José. Ao mesmo tempo, da própria Virgem Maria fala em "jovem virgem", em grego *parthenos* ("virgem"), diferente de *betulah*, "virgem", mais abstrato e não necessariamente ligado à idade, e o termo "concebe" é substituído por "conceberá",[2] realçando assim a dimensão escatológica do texto.

O relato em São Mateus é estruturado como a narrativa de uma anunciação: "Ela dará à luz um filho, a quem porás o nome" (v. 21); "dará à luz um filho, que se chamará" (v. 23); "ela deu à luz o seu filho, que recebeu o nome" (v. 25). O versículo 19 pode ser traduzido da seguinte forma: "José, seu esposo, que era homem de bem, não querendo [revelar seu mistério], resolveu [separar-se] secretamente". Ademais, o anúncio do anjo visa menos a fazer conhecer a concepção virginal, quanto à qual José já estava informado, do que a lhe indicar seu papel paternal junto a Jesus: acolher consigo Maria, sua esposa,

---

2   Essa nuança entre "concebe" e "conceberá" está ausente na tradução portuguesa utilizada (Ave Maria) — NT.

e dar a Jesus seu nome. Os versículos 20–21 deveriam, portanto, traduzir-se assim: "José, filho de Davi, não temas receber Maria, tua esposa, pois é certo que o que nela foi concebido vem do Espírito Santo, mas ela dará à luz um filho, a quem porás o nome de Jesus, porque ele salvará o seu povo de seus pecados". Em última análise, José é homem de bem, é justo, pois aceitou o papel que Deus lhe concedeu no mistério do Verbo encarnado. É justo, pois não quis se passar por pai do Filho que iria nascer; ele teme receber Maria consigo, pois se vê chamado por Deus para realizar uma missão superior àquela do casamento tal como havia imaginado.

[O silêncio de Maria]

> "Qual juízo teceu José a respeito de Maria, ao examinar o caso em sua consciência? Será que ele aceitou a idéia de uma operação miraculosa de Deus, ou, ao menos, será que ele almejou essa possibilidade? [...] Não podemos provar que José não tenha acreditado em um milagre; ele via em Maria uma calma misteriosa, que o impedia de pensar mal dela. Ele pôde, portanto, pelo menos supor que o silêncio de Maria estivesse relacionado a um milagre" (F.-M. Willam, *La vie de Marie mère de Jésus*).

A vocação de José

"O sacrifício absoluto de toda a existência de José às exigências da vinda do Messias em sua morada encontra seu justo motivo em 'sua insondável vida interior, donde lhe emanam ordens e consolações mui particulares, e donde lhe provém a lógica e a força, próprias às almas simples e transparentes, das grandes decisões, como aquela de colocar prontamente à disposição dos desígnios divinos sua liberdade, sua vocação humana legítima, sua felicidade conjugal, aceitando a condição, a responsabilidade e o peso da família, e renunciando, em proveito de um amor virginal incomparável, ao amor conjugal natural que a constitui e a alimenta' (Paulo VI, *Alocução*, 19 de março de 1969)" (João Paulo II, exort. ap. *Redemptoris custos*, nº 26). A vocação de José existe em íntima relação com aquela de Maria: "A vocação comum entre José e Maria cria, entre eles, um novo elo. Os dois lírios, até aqui confrontados a eles próprios, se voltam à Flor púrpura, a Flor de Jessé, cujo brilho lhes incandesce. Eles não se pertencem mais um ao outro, mas sim Àquele cujo destino os mantém unidos e, de certo modo, os consuma. Eles haviam imaginado que se uniriam humanamente: ei-los unidos para a execução de uma missão sobrenatural, que se tornará, um dia, sem limites. Maria será mãe do gênero humano, sendo mãe de uma Igreja Universal no tempo e no espaço. José será o Patrono dessa mesma Igreja Universal. Assim foi designada a relação de cada um deles, desigual, mas tão próxima, com Jesus" (Sertillanges). Segundo os relatos apócrifos e as revelações particulares recebidas, entre outros, por Maria de Ágreda e Catarina Emmerich, José teria sido designado para ser o esposo de Maria do mesmo modo como Aarão havia sido designado para cumprir a função de grão-sacerdote.

A virgindade de José

Diversos autores afirmam que tanto Maria quanto José fizeram um voto de virgindade perpétua.

Para Maria, "esse voto é algo que ela estima, em seu coração, acima de todas as coisas. Ela consente em casar-se com José, mas pretende permanecer virgem. [...] José é posto em presença de Maria: imediatamente, pela luz do Espírito Santo, por uma deliciosa unção, sua alma puríssima compreende que Maria deve permanecer virgem, que a virgindade é inerente à sua pessoa, inseparável dela. Maria não inspira senão pensamentos castos; ela não pode ser amada com outro amor, senão o amor virginal. Instantaneamente, José é integrado ao culto da santa virgindade, e o casamento entre eles se conclui com este pacto, a saber, que eles confiarão, um ao outro, suas respectivas virgindades. A virgindade de Maria será o tesouro de José, bem como a de José será o tesouro de Maria. A coisa que José mais ama em Maria é sua virgindade; assim é que todo seu amor por ela consiste em guardar mui preciosamente sua virgindade" (Dom Maréchaux).

Quanto à resposta de Myriam de Nazaré ao enviado celeste, "Como se fará isso, pois não conheço homem?", Santo Agostinho (*Sermão* 291, 5) oferece o seguinte comentário: "Reconheçamos aqui sua resolução de preservar a virgindade. Se ela estivesse contando com a possibilidade de ter relações com um homem, por que teria ela dito: 'Como se fará isso?' [...]. Mas ela guardava a recordação de sua resolução, a consciência de seu voto sagrado; ela sabia o que havia prometido a Deus, quando perguntava: 'Como se fará isso, pois não conheço homem?'. Sabendo, pois, que os bebês só nascem como conseqüência das relações entre os esposos, e que ela havia tomado a resolução de não ter essas relações, ao dizer: 'Como se fará isso?' ela não expressava uma dúvida sobre a onipotência de Deus, mas perguntava como é que ela se tornaria Mãe. 'Como se fará isso?'. Qual meio será empregado para que isso ocorra? Tu me anuncias um Filho, tu conheces as disposições de minha alma, dize-me, pois, a maneira como esse Filho me surgirá".

Podemos supor que José tenha tomado uma resolução semelhante de permanecer virgem. Por isso é possível dizer que entre ele e Maria "houve uma transmissão mútua, a transmissão de duas virgindades: a virgindade de Maria tornou-se o tesouro de José, e a virgindade de José tornou-se o bem de Maria. Eles tiveram direito um sobre o outro, mas para permanecerem virgens. A união deles se completava nessa atmosfera espiritual de perfeita pureza. E quanto mais eles eram castos, melhor se viam unidos" (Dom Maréchaux).

Nessa castidade mútua Santo Agostinho vê uma confirmação da resolução de Maria em viver uma castidade perpétua.

Não é necessário falar de um "voto de virgindade". Uma resolução nesse sentido é suficiente para explicar essa disposição da parte deles.

A Virgem Maria revelou a Santa Brígida que José, "antes de casar-se comigo, foi informado, pelas luzes do Espírito Santo, que eu havia consagrado minha virgindade ao Senhor, e que eu era imaculada, tanto em meus pensamentos, quanto em minhas palavras e também em minhas ações; por isso é que ele casou-se comigo, com a única intenção de ter para comigo uma conduta de servidor para com sua dama, e de olhar-me como sua rainha. Por isso, instruída pelo Espírito Santo, eu mesma sabia, previamente, que, ainda que me tornasse esposa de um mortal, por uma disposição secreta da adorável Providência, minha gloriosa virgindade permaneceria intacta" (*Revelações*).

As dúvidas de José

"Eis como nasceu Jesus Cristo: Maria, sua mãe, estava desposada com José. Antes de coabitarem, aconteceu que ela concebeu por virtude do Espírito Santo. José, seu esposo, que era homem de bem, não querendo difamá-la, resolveu rejeitá-la secretamente" (Mt 1, 18–19).

A Lei de Moisés fixava a duração dos noivados: um ano antes do casamento. Eles tinham a mesma força legal deste último. O casamento propriamente dito se traduzia, entre outras cerimônias, pelo fato de que a esposa era conduzida solenemente até a casa de seu esposo (cf. Dt 20, 7). Uma vez o noivado celebrado, o rompimento de relações só podia se dar após receber um certificado de repúdio.

Algumas pessoas falaram, contudo, das dúvidas de São José. As intervenções divinas se produzem em sonho, é bom notá-lo antes de tudo, e por três vezes: primeiramente, quando ele descobre a gravidez de sua esposa; uma segunda vez após a partida dos magos e enfim na volta do Egito.

O anjo lhe aparece durante seu sono... Mas "por que ele não o fez na realidade, como fizera no caso de Zacarias, dos pastores e da Virgem? Pois a fé desse esposo era forte, e ele não necessitava de uma real aparição" (São João Crisóstomo). Esses sonhos se concluem todos pela afirmação de que as Escrituras se estão cumprindo: "Tudo isto aconteceu para que se cumprisse o que o Senhor falou pelo profeta: 'Eis que uma virgem conceberá e dará à luz um filho, que se chamará Emanuel, que significa: Deus conosco'" (Mt 1, 22–24). "Ali permaneceu até a morte de Herodes, para que se cumprisse o que o Senhor dissera pelo profeta: 'Do Egito chamei meu filho'" (Mt 2, 15). "E veio habitar na cidade de Nazaré, para que se cumprisse o que foi dito pelos profetas: 'Será chamado Nazareno'" (Mt 2, 23).

Isso dito, é válido que nos coloquemos a questão: será que José realmente duvidou de Maria ao constatar que ela esperava um bebê, e que esse bebê não era dele? Mateus 1, 18–20 não fala de dúvidas no espírito de José. É preciso encontrar a origem dessa interrogação nos escritos apócrifos (ver cap. III), primeiramente na *História de José, o carpinteiro*, onde lemos que José "perturbou-se em seu espírito", mas sobretudo no evangelho do pseudo-Mateus: jovens donzelas estão junto de José quando Maria retorna da casa de sua prima e ele descobre que ela está grávida. Elas lhe dizem: "Verdadeiramente, se queres que revelemos nossas suspeitas: ninguém causou sua gravidez a não ser o anjo de Deus". Mas José não se deixa convencer e pensa em uma traição, perguntando-se ao mesmo tempo se se tratava de uma falta da parte de Maria ou então de um mistério.

São Justino, no *Diálogo com Trifão*, estima que José pôde, legitimamente, pensar que Maria tivesse sido vítima de um estupro, opinião também apoiada por São João Crisóstomo: "Sendo ele justo, ou seja, bom e prudente, ele quis repudiá-la em segredo... Ele não queria, contudo, nem puni-la, nem mesmo difamá-la. Consegues imaginar esse homem virtuoso, livre da mais violenta das paixões? Vós bem sabeis quão grande é a paixão dos ciúmes... Ele era a tal ponto livre dessa paixão, que não queria causar nem mesmo a mais mínima tristeza à Virgem. Quando lhe pareceu que mantê-la em sua casa seria coisa contra a Lei, e quando repudiá-la e conduzi-la à prisão significava a mesma coisa que conduzi-la à morte, ele não faz nada disso, mas se interrogou quanto à Lei [...]. Enxergas a prudência desse homem? Não somente porque ele não a puniu nem comentou o caso com ninguém — nem mesmo com ela, de quem duvidava — mas também porque ele refletia em seu interior, esforçando-se em esconder a causa diante da própria Virgem. O evangelista não disse, com efeito, que José queria expulsá-la, mas que queria deixá-la, e deixá-la em segredo".

Santo Agostinho compartilha dessa opinião, e escreve: "O esposo está aflito, mas o homem justo não sucumbe à cólera violenta. Era um homem tão justo que não queria ter consigo uma mulher adúltera, mas ele não ousava tampouco punir aquela que teria sido desonrada. As Santas Escrituras dizem que ele queria repudiá-la sem alarde, pois não somente não desejava puni-la, como tampouco desejava desonrá-la. Prestai atenção na sinceridade de sua justiça. Pois não é com vistas a possuí-la que ele queria perdoá-la. [...] Ele não quer, contudo, puni-la, donde podemos concluir que ele a poupa, com misericórdia. Quão justo é ele, portanto!". E ainda: "Estrangeiro a essa concepção, ele concluía que ela era adúltera". Só haveria dúvida, contudo, a respeito da decisão a ser tomada.

Santo Efrém é mais propenso a crer que Maria se explicou para José e que este "compreendeu que se tratasse de um prodígio de Deus".

Uma segunda corrente de pensamento mostra José apavorado com a possibilidade de ver-se envolvido com o divino. É o que imagina São Jerônimo: "Mas eis um testemunho em favor de Maria: ele sabia que ela era casta e ficou surpreso com o ocorrido; ele escondia, com seu silêncio, aquilo cujo mistério ele não compreendia".

Para São João Crisóstomo, "o evangelista, após expor como Maria fora fecundada por operação do Espírito Santo, e sem nenhuma relação com seu esposo, parece temer que suspeitem que ele, discípulo de Jesus Cristo, esteja a adornar o nascimento de seu Mestre com grandezas imaginárias; ele nos apresenta então José, o esposo, submetido a uma dura provação, e dando assim testemunho da veracidade dos fatos; é por isso que ele acrescenta: 'Ora, José, seu esposo, era homem de bem'".

Existe ainda uma terceira explicação para a situação, proposta por Hugo de Saint-Cher: José se vê desorientado ao constatar, a um só tempo, a gestação de Maria e sua santidade, que ele não coloca em dúvida.

Em *Le Mystère de la Passion* [O mistério da Paixão], de Arnoul Gréban, José pensa inicialmente em uma traição, e em seguida não quer desonrar sua esposa, o que o conduziu a resumir a situação da seguinte forma:

> *Deus, que horror! E como eu poderia crer?*
> *Não, não, eu minto. Mas ainda não sei.*
> *[...] Em suma, não sei o que pensar.*[3]

Greban indica que José recusa-se a concluir que houve traição, sem ver nisso escrúpulo ou humildade de sua parte, contrariamente à exegese tradicional.

É melhor falar em "inquietações" do que "dúvidas", ou finalmente em "tribulação". Trata-se da perplexidade de São José, bem compreensível, ao tomar consciência de que Maria, sua esposa, está esperando um filho que não é seu. No entanto, como havíamos visto, diversos autores, antigos e modernos, não admitem que José tenha posto em dúvida a fidelidade de sua esposa. Convicto de estar diante de um mistério, ele teria tomado o partido de um simples repúdio secreto.

---

3   *Dieulx!, quel horreur! Et le creray je?/ Nennil, je mens. Encor ne sçay je./ [...] Briefment, je ne sçay que penser* — NT.

O recenseamento em Belém

"Naqueles tempos, apareceu um decreto de César Augusto, ordenando o recenseamento de toda a terra. [...] Todos iam alistar-se, cada um na sua cidade. Também José subiu da Galiléia, da cidade de Nazaré, à Judéia, à cidade de Davi, chamada Belém, porque era da casa e família de Davi, para se alistar com a sua esposa, Maria, que estava grávida" (Lc 2, 1–5).

De acordo com a tradição, Maria era, também ela, da linhagem de Davi. Ao interpretar a representação da árvore de Jessé, Tertuliano escreve que "o caule que nasce da raiz é Maria descendendo de Davi; a flor que nasce do ramo é o filho de Maria".

Para José, o recenseamento "não era um ato de submissão à autoridade estrangeira, mas um meio de ver reconhecidos seus direitos e títulos enquanto filho de Davi. É precisamente nos períodos atribulados que os documentos oficiais têm um grande valor de testemunho" (B. Martelet).

Maria e José percorrem o longo caminho partindo de Nazaré até Belém, passando pela Samaria e a cidade santa de Jerusalém. Chegando ao local do recenseamento, Maria e José podiam esperar, logicamente, ser recebidos por um membro mais ou menos distante da família — eles eram muitos, na cidade — sobretudo se levamos em conta o senso de hospitalidade tradicional no Oriente.

Mas diversos fatores contribuíram para que eles fossem rejeitados: a afluência de pessoas vindo se inscrever nos registros, a evidência da gravidez de Maria e de um parto iminente — que podia complicar a vida dos anfitriões e obrigá-los a acolher o casal por um período prolongado —, o maior interesse em se acolher pessoas mais ricas do que esse jovem casal — gente correta, é bem verdade, mas que não pareciam ser muito abastados...

O nascimento do Salvador

"Estando eles ali, completaram-se os dias dela. E deu à luz seu filho primogênito, e, envolvendo-o em faixas, reclinou-o num presépio; porque não havia lugar para eles na hospedaria" (Lc 2, 6–7).

Diante da impossibilidade de serem acolhidos na hospedaria da cidade, provavelmente um caravançarai que não permitia absolutamente a intimidade necessária, José e Maria encontram como única solução o refúgio em uma gruta — provavelmente um estábulo. E nesse lugar bem miserável, desprovido de todas as comodidades de um palácio, nasce o Rei do mundo.

O nascimento de Jesus se dá, portanto, na maior discrição, sem nenhuma pompa. O Verbo feito carne, o Salvador do mundo tem por berço uma simples manjedoura de animais, único ornamento da gruta da Natividade. A partir da interpretação de Isaías 1, 3 — "O boi conhece o seu possuidor, e o asno, o estábulo do seu dono" — dada por Orígenes (c. 183–c. 253), foi-se criando o hábito, a partir do século IV, de se colocar no presépio um asno e um boi, fazendo companhia ao recém-nascido.

A simplicidade do relato evangélico do nascimento de Nosso Senhor contrasta com o aspecto maravilhoso dos relatos apócrifos (cf. cap. III).

Com o nascimento de Jesus, está constituída a Sagrada Família. Ela é também chamada, pelos autores espirituais, "trindade da Terra", "trindade criada" (Jacquinot) ou "trindade terrestre", em alusão à Santíssima Trindade ou "Trindade celeste", da qual Jesus Cristo, a um só tempo Deus perfeito e homem perfeito, é o elo.

[José, Maria, Jesus ou Jesus, Maria, José?]

A ordem de precedência exterior da Sagrada Família é a seguinte: José, Maria e então Jesus. Mas a ordem da precedência interior, ou seja, no campo da santidade é inversa: Jesus, Maria e José. Esta última se manifestou visivelmente em duas circunstâncias extraordinárias. Primeiro quando o ancião Simeão tomou a criança em seus braços no Templo, no dia da circuncisão. Esquecendo-se de José, é a Maria que ele se dirige para predizer o futuro de Jesus e o próprio futuro de Maria. Mais tarde, quando do reencontro de Jesus no Templo, não é José, o chefe da família, quem se dirige a Jesus, mas sua Mãe, embora ela lhe diga: "Eis que teu pai e eu andávamos à tua procura, cheios de aflição" (Lc 2, 49). "Ela colocava assim José, o pai legal, em primeiro lugar, dispondo-se ela própria em segundo lugar.

"Nessa mesma circunstância, também Jesus inverte a ordem exterior: José, Maria, o Menino Jesus, e manifesta a ordem definitiva das precedências, respondendo: 'Por que me procuráveis? Não sabíeis que devo ocupar-me das coisas de meu Pai?'. Ele, o Filho do Pai, estava acima de José e Maria, tão logo o Pai celeste lhe ordenava algo de modo direto" (F.-M. Willam).

Você sabia?

A SANTA PARENTELA

A Santa Parentela *é a representação da família da Virgem Maria e de Jesus.*

De início, ela se limita a Sant'Ana, à Virgem Maria e ao Menino Jesus. Mas, a partir dos apócrifos segundo os quais Sant'Ana se teria casado três vezes, a representação se amplia e vai até vinte e quatro personagens: Matã, pai de Hisméria (que se casa com Penter, de quem ela concebe Isabel, casada com Zacarias e mãe de João Batista) e Ana. Ana casa-se em primeiras núpcias com Joaquim (que gerou Maria, mãe de Jesus), em segundas núpcias com Cléofas (sua filha, Maria de Cléofas, casa-se com Alfeu, com quem ela conceberá Tiago Menor; José, o Justo; Simão e Judas Tadeu), enfim, em terceiras núpcias, Salomas (a filha deles, Salomé, casando-se com Zebedeu, dá à luz Tiago Maior e João evangelista).

A partir do séc. XV, são introduzidos à lista os pais de Sant'Ana: Santo Stolon e Santa Emerência, sua irmã Hisméria, Santa Isabel, prima da Santa Virgem, com seu filho João Batista e uma parente distante, Servanda.

Os irmãos e as irmãs de Jesus

O primeiro ponto a ser examinado a esse respeito provém da redação do Evangelho segundo São Lucas. Como ali está escrito que Maria "deu à luz seu filho primogênito" (Lc 2, 6), certas pessoas deduziram daí que ela teria tido outros filhos, concebendo-os com José. Retornaremos, no capítulo v, ao tema da virgindade de Maria e de José. Fique dito, por ora, que foi reencontrado no Egito a estela funerária de uma tal Arsinoé, falecida enquanto dava à luz seu filho primogênito, o que exclui toda possibilidade de que houvesse outros filhos a seguir. Assim, a expressão "primogênito" significa unicamente que se trata, de fato, do primeiro filho dado à luz por uma mulher, sem que necessariamente se tenham seguido outros filhos.

E, logicamente, Jesus não teria podido confiar Maria ao discípulo João (Jo 19, 27) se ela tivesse outros filhos. Isso iria contra as disposições legais.

Santa Gertrudes de Helfta (1256–1302) conta que, um dia, ao ouvir durante o ofício divino as palavras "primogênito da Virgem Maria", disse consigo: "O título de Filho único parece melhor se adequar a Jesus do que o título de Primogênito". A Santa Virgem lhe aparece, então, e lhe diz: "Não, não é absolutamente Filho único, mas Filho primogênito o mais apropriado. Pois, após Jesus, meu dulcíssimo Filho, ou melhor, nele e por ele, eu vos concebi, todos vós, nas entranhas de minha caridade, e vós vos tornastes meus filhos, os irmãos de Jesus". Maria fala aqui de sua Maternidade espiritual para com todos os homens, inscrita em sua Maternidade física de Jesus, Redentor da humanidade.

Um segundo questionamento é suscitado com a menção, encontrada diversas vezes nos Evangelhos, dos irmãos e das irmãs de Jesus: "Jesus falava ainda à multidão, quando veio sua mãe e seus irmãos e esperavam do lado de fora a ocasião de lhe falar. Disse-lhe alguém: 'Tua mãe e teus irmãos estão aí fora, e querem falar-te'" (Mt 12, 46–47).

"[Jesus] Foi para a sua cidade e ensinava na sinagoga, de modo que todos diziam admirados: 'Donde lhe vem esta sabedoria e esta força miraculosa? Não é este o filho do carpinteiro? Não é Maria sua mãe? Não são seus irmãos Tiago, José, Simão e Judas? E suas irmãs, não vivem todas entre nós? Donde lhe vem, pois, tudo isso?'" (Mt 13, 54–56).

Que devemos concluir disso?

O hebreu e o aramaico não têm termos distintos para designar os diferentes graus de parentesco. É por isso que os irmãos e as irmãs de Jesus citados nos Evangelhos designam, na verdade, seus primos e primas, que fazem parte da "santa parentela". Por exemplo, Tiago e José são citados em Marcos 6, 3, como irmãos de Jesus, quando são eles filhos de Maria de Cléofas segundo o mesmo Marcos, em 15, 40. O termo "irmãos de Jesus" indica os filhos de uma outra Maria, discípulos do Cristo (cf. Mt 27, 56), que é designada de modo significativo como a outra Maria (Mt 28, 1). Tratam-se de parentes próximos de Jesus, segundo uma expressão por vezes utilizada no Antigo Testamento.

Ali encontramos, de fato, outros usos dessa expressão. Por exemplo, Ló é chamado irmão de Abraão no Gênesis 14, quando este mesmo Ló é tido como sobrinho segundo Gênesis 12, 5; Gênesis 29, 15 qualifica Labão como irmão de Jacó; ora ele é seu tio segundo Gênesis 29, 10.

Com isso, vemos que a menção de "irmãos e irmãs do Senhor" não se opõe à virgindade perpétua de Maria.

Podemos aliás inferir das diversas passagens evangélicas que "seus irmãos" eram de idade mais avançada que Jesus (cf. Mt 12, 46–50; Mc 3, 31; Lc 8, 19–21; Jo 7, 3–4), o que é evidentemente inconciliável com o fato de Jesus ser o filho "primogênito" da Virgem Maria.

A adoração dos pastores

"Havia nos arredores uns pastores que vigiavam e guardavam seu rebanho nos campos durante as vigílias da noite. Um anjo do Senhor apareceu-lhes e a glória do Senhor refulgiu ao redor deles, e tiveram grande temor. O anjo disse-lhes: 'Não temais, eis que vos anuncio uma boa nova que será alegria para todo o povo: hoje vos nasceu na cidade de Davi um Salvador, que é o Cristo Senhor. Isto vos servirá de sinal: achareis um recém-nascido envolto em faixas e posto numa manjedoura'. E subitamente ao anjo se juntou uma multidão do exército celeste, que louvava a Deus e dizia: 'Glória a Deus no mais alto dos Céus e na Terra paz aos homens, objetos da benevolência (divina)'. Depois que os anjos os deixaram e voltaram para o Céu, falaram os pastores uns com os outros: 'Vamos até Belém e vejamos o que se realizou e o que o Senhor nos manifestou'. Foram com grande pressa e acharam Maria e José, e o menino deitado na manjedoura. Vendo-o, contaram o que se lhes havia dito a respeito deste menino. Todos os que os ouviam admiravam-se das coisas que lhes contavam os pastores. Maria conservava todas essas palavras, meditando-as no seu coração. Voltaram os pastores, glorificando e louvando a Deus por tudo o que tinham ouvido e visto, e que estava de acordo com o que lhes fora dito" (Lc 2, 8–20).

Esta cena é chamada de "adoração dos pastores". É impressionante constatar que a Natividade do Messias, tão esperada, seja revelada apenas a personagens de condição modesta, e não aos grandes deste mundo, nem mesmo aos chefes dos sacerdotes e aos doutores da Lei. Jesus proclamará um dia, sob a ação do Espírito Santo: "Pai, Senhor do Céu e da Terra, eu te dou graças porque escondeste essas coisas aos sábios e inteligentes e as revelaste aos pequeninos" (Lc 10, 21).

Esses pastores a quem um anjo havia anunciado a boa nova vêm, portanto, apresentar as primeiras homenagens da Terra a seu Salvador. "Maria e José lhes ensinaram mais coisas do que é dito no Evangelho; pois, ao saírem da gruta, não somente eles bendiziam a Deus e celebravam seus louvores, como também contavam a todos o que haviam visto e ouvido, e todos os que os ouviam se admiravam" (F. Prat).

Quanto a Maria, ela "conservava todas essas palavras, meditando-as no seu coração" (Lc 2, 19).

A paternidade de José

Ver também o quadro da genealogia de José, p. 14.

Maria "dará à luz um filho, a quem porás o nome de Jesus [que quer dizer o Senhor salva]" (Mt 1, 21). Dar o nome era prerrogativa do pai (cf. Lc 1, 62).

Nós partimos dos Evangelhos ditos "da Infância" — nos quais os autores trazem informações decisivas sobre a Encarnação de Jesus Cristo, o Filho de Deus vindo à Terra para redimir todos os homens de seus pecados —, conscientes de que eles não pretendem realizar uma obra científica, ou seja estabelecer uma genealogia com todo o rigor e exatidão que empregaríamos, hoje em dia, para constituí-la.

São Mateus nos traz uma genealogia de Jesus, assim como São Lucas. Suas formulações não são idênticas, pois os objetivos almejados pelos autores sagrados são distintos em cada um dos casos.

A genealogia exposta por Mateus parte de Abraão e descende até José, esposo de Maria, de quem nasceu Jesus, enquanto aquela de Lucas parte de Jesus para remontar até Deus Pai.

A "genealogia de Jesus Cristo, filho de Davi, filho de Abraão" dada por Mateus (1, 2–17), se conclui do seguinte modo: "Matã gerou Jacó. Jacó gerou José, esposo de Maria, da qual nasceu Jesus, que é chamado Cristo. Portanto, as gerações, desde Abraão até Davi, são catorze. Desde Davi até o cativeiro da Babilônia, catorze gerações. E, depois do cativeiro até Cristo, catorze gerações".

A genealogia apresentada por Lucas (3, 23–38) segue a ordem inversa, pois ela visa o público do meio judaico-cristão. O autor não tem tanto por objetivo registrar uma verdadeira descendência, mas religar o Cristo e a humanidade como um todo, chegando assim a 77 gerações, número que os Padres da Igreja reduzem a 72, correspondendo ao conjunto dos povos e das nações (Gn 10).

Eis aqui sua relação: "Quando Jesus começou o seu ministério, tinha cerca de trinta anos, e era tido por filho de José, filho de Heli, [...] filho de Set, filho de Adão, filho de Deus".

Podemos encontrar esse tipo de apresentação em outros pontos da Bíblia, referindo-se a uma pessoa ou a uma família, a respeito dos descendentes dos chefes das doze tribos de Israel (1Cr 2, 2 a 3, 4 e 4, 1–23; 7, 6–12 e 8, 1–40). Júlio, o Africano (+ 240), e também Eusébio de Cesaréia (c. 265–339) vêem aí uma aplicação da lei do levirato apresentada no Livro do Deuteronômio (25, 5–10): Jacó teria desposado a viúva de Heli — seu irmão, morto sem descendência — para lhe suscitar uma posteridade; José seria, assim, filho biológico de Jacó, mas filho de Heli segundo a lei.

A genealogia apresentada em Mateus é de natureza escriturária. Ao partir de "Abraão gerou Isaac; Isaac gerou Jacó; [...] Jacó gerou José, o esposo de Maria, da qual nasceu Jesus, que é chamado Cristo" (Mt 1, 1–16), ele afirma implicitamente a virgindade perpétua de Maria, com uma referência à profecia de Isaías (7, 14) quanto a Emanuel, filho da "almah", a jovem donzela. Poderíamos esperar ler, logicamente: "José gerou Jesus". Ora, está afirmado com clareza que Jesus nasceu de Maria, quando é o pai que servia de ponto de partida para a genealogia.

A intenção do evangelista é, pois, claramente, excluir a intervenção de José na concepção de Jesus, preservando sempre sua paternidade legal e mostrando o cumprimento da profecia segundo a qual o Messias deveria vir da casa de Davi, promessa renovada quando do retorno do exílio em Babilônia na pessoa de Zorobabel: "Naquele dia — oráculo do Senhor, — eu te tomarei, ó Zorobabel, filho de Salatiel, meu servo — oráculo do Senhor —, e te conservarei como se conserva um sinete. Porque é a ti que escolhi — oráculo do Senhor dos exércitos" (Ag 2, 23).

A menção, nessa genealogia, de quatro mulheres estrangeiras, tornadas heroínas populares (Tamar, Raab, Rute e Betsabé) pode significar que o Messias anunciará a salvação aos pagãos, e preparar a intervenção miraculosa da Virgem Maria. De igual modo, a visita dos magos acentua a universalidade do "Rei dos judeus" que acaba de nascer: "Mas tu, Belém de Éfrata, tão pequena entre os clãs de Judá, é de ti que sairá para mim aquele que é chamado a governar Israel" (Mq 5, 1).

São Mateus, portanto, aponta os holofotes sobre São José, herdeiro dos direitos do rei Davi — os quais ele transmite a Jesus — e chefe da Sagrada Família. Jesus é o Messias esperado, em quem as profecias se cumprem: ele é por excelência o filho de Davi (1, 1), sua concepção é virginal como havia sido predito (1, 18–24), ele nasce em Belém, no tempo do rei Herodes como anunciado (2, 1); ele conhece o exílio no Egito, seguido do massacre dos Santos Inocentes por Herodes (2, 17–18), prefigurado pelo Êxodo que conduzira o povo de Israel na fuga para o Egito (Ex 4, 22) e pelas lágrimas de Raquel, inconsolável por conta da deportação de seus filhos (Jr 31, 15). Mateus narra, em seguida, o retorno ao país, com a instalação da Sagrada Família em Nazaré (2, 13–15), um vilarejo desprezado (Jo 1, 46), o que é coerente com o Messias humilhado, tal como o apresentam os profetas.

Quanto a São Lucas, é Maria quem ocupa o centro de seu relato, a meditar em seu coração todos os eventos por ela testemunhados (2, 19.51), e pouco ali é dito sobre José (1, 27; 2, 48). Ele relata o anúncio do nascimento de São João Batista (1, 5–25), o anúncio feito a Maria do nascimento de Jesus (1, 26–38), a virgindade surgindo como uma decisão consentida entre os dois esposos (1, 34), a Visitação à sua prima Isabel (1, 39–56), o nascimento de João Batista (1, 57–80), o recenseamento em Belém e a Natividade de Jesus (2, 1–14), a adoração dos pastores (2, 15–20), a circuncisão de Jesus no Templo onde José ouve as profecias de Simeão e Ana (2, 21), a apresentação de Jesus no Templo (2, 22–38), o retorno a Nazaré (2, 39–40), o reencontro de Jesus, aos doze anos, no Templo, onde ele permanece durante três dias, sem que seus pais se dêem conta (2, 41–50). Nós retornaremos a esses diversos episódios da vida de Jesus Cristo nos quais o santo patriarca está envolvido.

José, como podemos ver claramente, é o protagonista do relato de São Mateus, enquanto que em São Lucas, Maria ocupa o lugar de destaque. Lucas opõe a incredulidade do sacerdote Zacarias (1, 18–20) à atitude de fé e humildade de Maria, esposa de José (1, 34–38). A narrativa está centrada na concepção virginal e no título de Filho de Deus do Menino (1, 32). Essa genealogia situada entre o batismo de Jesus e as tentações no deserto dá a entender que Jesus é o Novo Adão. "Mateus enumera as gerações em ordem descendente, Lucas em ordem ascendente, e ambos através de José. Por quê? Porque ele é o pai de Jesus. Por que ele é pai? Porque sua paternidade se afirma tanto mais fortemente quanto mais ela é casta" (Santo Agostinho, *Sermão* 51, 20, 30; PL 38, 350–351).

Maria qualifica José como pai de Jesus (Lc 2, 48) e o evangelista São Lucas fala dos "pais de Jesus" (2, 27.41–43). A concepção virginal do Cristo em Maria exclui, da parte de José, uma paternidade verdadeira, natural. Isso decorre claramente dos Evangelhos da Infância (cf. Mt 1, 18–25; Lc 1, 26–38). Lucas tem o cuidado de especificar, em sua genealogia de Jesus, que Jesus, ao iniciar seu ministério, "tinha cerca de trinta anos, e era tido por filho de José" (Lc 3, 23), dando a entender que ele não o era verdadeiramente. No entanto é preciso reconhecer em José uma paternidade real, e não fictícia, fundada sobre um casamento com Maria. Quando o anjo encarrega José de dar ao Filho que nascerá de Maria "o nome de Jesus" (Mt 1, 21), ele confirma sua missão e os direitos dessa paternidade que, ademais, Jesus respeitou constantemente (cf. Lc 2, 51). Os habitantes de Nazaré se perguntarão, vendo-o pregar de forma convicta, na sinagoga deles: "Não é este o filho de José?" (Lc 4, 22). Filipe o apresenta como tal a Natanael: "Achamos aquele de quem Moisés escreveu na Lei e que os profetas anunciaram: é Jesus de Nazaré, filho de José" (Jo 1, 45). Os judeus murmurarão contra ele, quando o Senhor se apresenta diante deles como "o pão que desceu do céu", dizendo: "Porventura não é ele Jesus, o filho de José, cujo pai e mãe conhecemos? Como, pois, diz ele: 'Desci do céu?'" (Jo 6, 41–42).

Para diversos Padres da Igreja, Jesus foi concebido "sem semente varonil" e "não tem pai na Terra, assim como não tem mãe no Céu". Orígenes o exemplifica bem, "José não teve parte no nascimento de Jesus, exceto por seu serviço e sua afeição. É por conta desse serviço fiel que a Escritura lhe dá o nome de pai". São João Crisóstomo nos lembra que o anjo convidara José a assumir o papel de pai ao encarregá-lo de dar o nome a Jesus. Segundo São João Damasceno, "para cumprir devidamente essa missão, Deus deu a São José, para com Jesus, o amor, a vigilância, e a autoridade de um pai. Ele lhe deu a afeição de um pai, a fim de que guardasse Jesus com grande ternura; deu-lhe a solicitude de um pai, a fim de que o cercasse com todos os cuidados possíveis; ele lhe deu, enfim, a autoridade de um pai, a fim de que tivesse a certeza de ser obedecido em tudo o que ele ordenasse à pessoa do Salvador".

A paternidade de José procede de um dom direto do Espírito Santo, como fruto celeste de seu casamento. São José é pai virgem, segundo Dom Démaret, denominação que "afasta absolutamente todo equívoco e mesmo a possibilidade de uma falsa interpretação, que afirma a paternidade de São José, ao mesmo tempo em que caracteriza seu modo sobrenatural e divino [...]. Ela pode se valer da autoridade de Pio X, dado que, no dia 11 de outubro de 1906, ele dignou-se conceder cem dias de indulgência a se ganhar, duas vezes por dia, a todos aqueles que recitarem a seguinte prece ao santo patriarca: 'Ó José, pai virgem de Jesus, esposo puríssimo da Virgem Maria, orai por nós todos os dias a Jesus, Filho de Deus, a fim de que ele nos conceda as armas de sua graça. Assim, combatendo segundo as regras nesta vida, sejamos por ele coroados na hora de nossa morte'".

Para Santo Agostinho, "não somente José devia ser pai, como o devia absolutamente" (*Sermão* 51, 16, 26). Hugo Ripelin de Estrasburgo (1205–1270) explica que Jesus tem uma natureza divina segundo a qual ele tem um pai sem ter uma mãe; e uma natureza humana, segundo a qual ele tem uma mãe sem ter um pai; e uma natureza espiritual para a qual ele tem um pai e uma mãe (*Compendium theologicae veritatis*).

São Francisco de Sales exclamará: "Não consigo encontrar nada de mais doce em minha imaginação do que a visão desse celeste Menino Jesus, entre os braços desse grande santo, chamando-o por diversas vezes: 'Papai', com sua linguagem infantil e com um coração filialmente amoroso". "Ainda que o Cristo tenha sido concebido pelo Espírito Santo, não te creias, contudo, isento de servir a esta economia divina", dizia São João Crisóstomo. "Pois, se é verdade que tu não tens parte alguma no nascimento, e que Maria permaneceu perfeitamente virgem, dou-te, contudo, junto a essa criança, a qualidade de pai em tudo quanto não fira tua virgindade, e deixo-te o poder de dar um nome ao teu filho. Tu és, com efeito, aquele que dará o nome. Pois ainda que não o tenhas engendrado, exercerás o papel de pai junto a ele. É por isso que te uno intimamente àquele que irá nascer, começando por encarregar-te de dar a ele seu nome".

Os judeus, espantados, diziam, quanto a Jesus: "Este homem não fez estudos. Donde lhe vem, pois, este conhecimento das Escrituras?" (Jo 7, 15). Desde os cinco anos, é o pai que assegurará a educação religiosa e moral.

> **[Pai... a que título?]**
>
> **Pai adotivo.** Esse título é um contra-senso, pois uma criatura não pode adotar o Criador, dado que a adoção consiste em acolher um estrangeiro em sua família. Ora, Jesus faz plenamente parte da Sagrada Família, cujo chefe é José, e foi desnecessário algum ato jurídico para instaurar sua paternidade; Jesus é seu filho desde o nascimento. Essa expressão deve ser rejeitada, pois "só se pode adotar um estrangeiro, e Jesus nunca fora um estrangeiro

para José, dado que era o filho de sua esposa legítima, e que essa esposa só pudera tornar-se mãe graças ao consentimento de José face ao mistério com o qual Deus lhe favorecera. José não teve, jamais, de adotar Jesus. Não lhe foi necessário realizar um ato de adoção junto a Jesus" (L. Cristiani). Na realidade, dirá o Pe. Sertillanges, "não é José quem adota Jesus, é Jesus quem o adota, assim como não foi Maria quem escolheu como filho o Redentor, mas o Redentor quem a escolheu como mãe".

Pai legal. Este termo é provavelmente exato, mas demasiado jurídico. A paternidade do marido junto aos filhos de sua esposa, ou ainda a paternidade adotiva, aquela de um tutor, são, também elas, legais. O primeiro efeito da paternidade legal é que a criança é legitimada, e recebe um nome e alguns bens. No caso de José, sua paternidade confere a Jesus a honra da legitimidade e lhe confere também o título messiânico de "filho de Davi" — o evangelista enfatiza que a saudação do anjo se dirige a "José, filho de Davi" (Mt 1, 20). A paternidade de José não é, portanto, somente legal, mas propriamente messiânica.

Pai nutrício. José não se limitou a cuidar de Jesus e a nutri-lo. Ele teve, para com seu filho, um coração de pai, amando-o muito mais do que todos os outros pais puderam amar seus filhos. Esse título, bastante evocado pelos Padres da Igreja, é duplamente ambíguo. Ele pode dar a entender que José se limita a garantir a subsistência e a guarda do Menino, quando os autores pretendem enfatizar o "exercício fiel e constante de todas as funções cabíveis a um verdadeiro pai, tais como a manutenção, proteção e educação do filho, a autoridade paterna, a transmissão dos direitos ancestrais e também o amor profundo e generoso do pai" (R. Gauthier). Ademais, o pai nutrício é, em sentido estrito, o marido da mulher em cuja casa foi deixada uma criança a ser nutrida, ou seja, o filho de uma outra.

Pai putativo. Título puramente negativo concedido a São José a partir de Lc 3, 23: limita-se a excluir as relações de uma paternidade natural. Ele é empregado para mostrar que a família humana do Senhor não pode ser nada mais do que uma simples "tela" destinada a ocultar o mistério da Encarnação aos olhos do demônio e da sociedade.

[O amor de José por Jesus]

"Deus, tendo escolhido este grande santo para servir como pai a Jesus, colocou, certamente, em seu coração um amor de pai, e pai de um tal Filho, o qual era tão amável, e que era Deus. O amor de José não foi, portanto, apenas natural como aquele dos outros pais, mas também sobrenatural, pois ele encontrava em uma mesma pessoa seu Filho e seu Deus. José sabia, pela revelação segura e divina do anjo, que esse Filho de que ele se via sempre acompanhado, era o Verbo divino, que, por amor aos homens (e a José em particular), se fez homem; ele sabia que esse Filho adorável o havia escolhido entre todos os homens para ser guardião de sua vida, e queria ser chamado seu Filho: imaginemos o incêndio de amor que todas essas considerações deviam provocar no coração de José, quando ele via seu divino Mestre servi-lo como um simples operário, ora abrindo ou fechando a oficina, ora ajudando a serrar a madeira, manipular a plaina ou o machado, ora varrendo a serragem e limpando a casa, enfim, obedecendo-lhe em tudo quanto ele lhe ordenasse, e em nada procedendo sem depender de sua autoridade" (Santo Afonso Maria de Ligório, *Exhortation pour porter les âmes à la dévotion envers Saint Joseph* [Exortações para se conduzir as almas à devoção a São José]).

A circuncisão e a apresentação no Templo

"Completados que foram os oito dias para ser circuncidado o menino, foi-lhe posto o nome de Jesus, como lhe tinha chamado o anjo, antes de ser concebido no seio materno" (Lc 2, 21).

Esse rito havia sido instituído como sinal da Aliança estabelecida entre o Senhor e seu povo: "Cortareis a carne de vosso prepúcio, e isso será o sinal da Aliança entre mim e vós" (Gn 17, 11), a marca de pertencimento ao povo eleito.

A circuncisão não é mais necessária após a Redenção operada pelo Cristo: "Estar circuncidado ou incircunciso de nada vale em Cristo Jesus, mas sim a fé que opera pela caridade" (Gl 5, 6).

Mesmo sendo Filho de Deus, Jesus, enquanto homem — ele que "nasceu submetido a uma Lei, a fim de remir os que estavam sob a Lei" (Gl 4, 4–5) —, devia ser resgatado conforme as prescrições do Livro dos Números (18, 15–16). E Maria, mesmo sendo Mãe sem mácula, devia ser purificada segundo as prescrições do Levítico (12, 1–8). A tradição, entre os judeus, era que o pai da família realizasse ele próprio a cerimônia. José deve, portanto, ter realizado o rito em presença de Maria, segurando o Menino em seus braços. O pai impunha então o nome a seu filho. Para Isidoro de Isolanis, "o nome de Jesus fora imposto ao Salvador por Deus, pelo anjo, por Maria e por José: por Deus que conferira a Jesus aquilo mesmo que seu nome significava; pelo anjo que o anunciou; por Maria que o ordenou; por José que executou a ordem".

"Concluídos os dias da sua purificação segundo a lei de Moisés, levaram-no a Jerusalém para o apresentar ao Senhor, conforme o que está escrito na Lei do Senhor: 'Todo primogênito do sexo masculino será consagrado ao Senhor'; e para oferecerem o sacrifício prescrito pela Lei do Senhor, um par de rolas ou dois pombinhos" (Lc 2, 22–24).

Essa cerimônia se passava quarenta dias após o nascimento de um menino.

A Sagrada Família parte então rumo a Jerusalém, segundo as prescrições da Lei, como qualquer outra família israelita praticante.

"Ora, havia em Jerusalém um homem chamado Simeão. Esse homem, justo e piedoso, esperava a consolação de Israel, e o Espírito estava nele. Fora-lhe revelado pelo Espírito Santo que não morreria sem primeiro ver o Cristo Senhor. Impelido pelo Espírito Santo, foi ao Templo. E tendo os pais apresentado o Menino Jesus, para cumprirem a respeito dele os preceitos da Lei, tomou-o em seus braços e louvou a Deus" (Lc 2, 25–28).

José é devidamente apresentado como sendo o pai de Jesus. Sob inspiração do Espírito Santo, o ancião Simeão reconhece no Menino o Messias Salvador. Ele entoa então um cântico de ação de graças, freqüentemente chamado *Nunc dimittis*, pois se inicia com essas palavras em latim:

"Agora, Senhor, deixai o vosso servo ir em paz, segundo a vossa palavra. Porque os meus olhos viram a vossa salvação que preparastes diante de todos os povos, como luz para iluminar as nações, e para a glória de vosso povo de Israel" (Lc 2, 29–32).

O narrador enfatiza que "seu pai e sua mãe estavam admirados das coisas que dele se diziam" (v. 33).

Em seguida, Simeão prediz a Maria que seu coração seria transpassado por uma espada (Lc 2, 35) e anuncia sofrimentos por vir, especialmente a morte de seu Filho na Cruz.

Imediatamente depois, vem uma mulher que era profetisa, "Ana, filha de Fanuel, da tribo de Aser", que "depois de ter vivido sete anos com seu marido desde a sua virgindade, ficara viúva e agora, com oitenta e quatro anos, não se apartava do Templo, servindo a Deus noite e dia em jejuns e orações. Chegando ela à mesma hora, louvava a Deus e falava de Jesus a todos aqueles que em Jerusalém esperavam a libertação" (Lc 2, 36–38).

Realizados os ritos que eram prescritos, José retorna com Maria e Jesus "para a Galiléia, à sua cidade de Nazaré" (v. 39).

Para São Boaventura, José e Maria representam os padres que oferecem o Cristo pelo sacramento da Eucaristia e que devem ser a um só tempo "puros, fecundos e doces", virtudes simbolizadas pelos presentes oferecidos no Templo, a rola, a pomba e o cordeiro.

Você sabia?

Circuncisão e apresentação das crianças judias

*A **circuncisão** de todo bebê menino judeu ocorre 8 dias após o nascimento. Ela é feita em domicílio, por um especialista. O pai dá então o nome à criança e lhe impõe as mãos.*

*A **apresentação no Templo** é um rito público de consagração a Deus do primogênito; a criança é "resgatada" pela oferta de um animal. A título facultativo, todo menino podia ser apresentado no Templo 40 dias após seu nascimento e oferecido a Deus; devia ser realizada também, previamente, a purificação, ou relevailles,[4] da mãe 40 dias após o parto: toda mulher que acabava de dar à luz estava "impura", ela devia oferecer um sacrifício de purificação que marcava seu retorno à vida pública.*

---

4 Mantivemos aqui o termo francês utilizado pelo autor na edição original, que se refere a uma antiga e hoje extinta cerimônia litúrgica difundida na Europa, mais particularmente na França, em que era dada uma bênção à mãe depois de seu tempo de repouso pós-parto, reintroduzindo-a na vida da comunidade — NE.

A adoração dos magos

"Tendo, pois, Jesus nascido em Belém de Judá, no tempo do rei Herodes, eis que magos vieram do Oriente a Jerusalém. Perguntaram eles: 'Onde está o rei dos judeus que acaba de nascer? Vimos a sua estrela no Oriente e viemos adorá-lo'. A essa notícia, o rei Herodes ficou perturbado e toda Jerusalém com ele. Convocou os príncipes dos sacerdotes e os escribas do povo e indagou deles onde havia de nascer o Cristo.

Disseram-lhe: 'Em Belém, na Judéia, porque assim foi escrito pelo profeta: E tu, Belém, terra de Judá, não és de modo algum a menor entre as cidades de Judá, porque de ti sairá o chefe que governará Israel, meu povo'. Herodes, então, chamou secretamente os magos e perguntou-lhes sobre a época exata em que o astro lhes tinha aparecido. E, enviando-os a Belém, disse: 'Ide e informai-vos bem a respeito do menino. Quando o tiverdes encontrado, comunicai-me, para que eu também vá adorá-lo'" (Mt 2, 1–8).

Essa precisão quanto ao local de nascimento do Messias em Belém é extraída do livro do profeta Miquéias (5, 1).

Eruditos, provavelmente oriundos da Pérsia, esses magos se dedicam à astronomia. Eles descobrem uma estrela nova, na qual vêem proclamado o nascimento do rei de Israel, o Messias aguardado pelo povo judeu. Eles vêm adorá-lo guiados por essa estrela. Esse astro desaparece ao entrarem na Cidade Santa. "Tendo eles ouvido as palavras do rei, partiram. E eis que a estrela, que tinham visto no Oriente, os foi precedendo, até chegar sobre o lugar onde estava o menino e ali parou. A aparição daquela estrela os encheu de profunda alegria. Entrando na casa, acharam o menino com Maria, sua mãe. Prostrando-se diante dele, o adoraram. Depois, abrindo seus tesouros, ofereceram-lhe como presentes: ouro, incenso e mirra" (Mt 2, 9–11). José não é citado nesse relato, pois não é o personagem principal. Sua vida se desdobra num impressionante silêncio humilde. A precisão "entrando na casa" dá a entender que a Sagrada Família não se encontra mais na gruta em que nascera Jesus, mas que seus pais puderam encontrar hospedagem mais digna na cidade, após a partida da gente que viera ser recenseada.

[O silêncio de São José]

> "Ele é silencioso como a terra à hora do orvalho" (P. Claudel). O Papa Pio XI declarou que, entre "os dois grandes personagens [João Batista e o Apóstolo Paulo], eis que surge a pessoa e a missão de São José, que, no entanto, passam sob o silêncio, como despercebidos, na humildade e no silêncio, um silêncio que só deveria se iluminar alguns séculos mais tarde. Mas lá onde o mistério é mais profundo, e mais espessa a noite a encobri-lo, lá onde o silêncio é mais profundo, é precisamente ali onde a missão é mais elevada, mais rico o cortejo das virtudes necessárias e do mérito que, por uma feliz necessidade, deve responder a uma tal missão. Essa missão grandiosa, única, de tomar conta do Filho de Deus, o Rei do universo, a missão de proteger a virgindade, a santidade de Maria, a missão de cooperar, enquanto único chamado a participar do grande mistério ocultado aos séculos: a Encarnação divina e a salvação do gênero humano" (19 de março de 1928).
>
> "Ele não fala jamais, mas reflete, ouve, obedece. Ele traz consigo algo de calmo e poderoso, que nos faz pensar na vigilância universal e pacífica do Pai celeste governando o mundo" (R. Guardini).

Os magos, que não eram judeus, são considerados como os primeiros pagãos chamados a receberem a salvação do Cristo. A tradição popular fez deles reis, sem real motivo, e fixou-o em número de três, símbolo da Santíssima Trindade, dado o número de presentes mencionados por Mateus: "Entrando na casa, acharam o menino com Maria, sua mãe. Prostrando-se diante dele, o adoraram. Depois, abrindo seus tesouros, ofereceram-lhe como presentes: ouro, incenso e mirra" (Mt 2, 11).

A tradição nos deu também seus nomes: Melquior, Gaspar e Baltazar. A festa deles é celebrada no dia da Epifania, do grego *epiphaneia*, "aparição". É o dia em que a divindade de Jesus Cristo se manifesta abertamente. É também o primeiro reconhecimento, por parte de não-judeus, da divindade de Jesus. Desde então esse evento é tido como o primeiro anúncio da verdade aos pagãos.

"Avisados em sonhos de não tornarem a Herodes, voltaram para sua terra por outro caminho" (Mt 2, 12). Isso contraria evidentemente os planos sinistros formados astutamente por Herodes. "Essa resposta", observa São Jerônimo, "não lhes é dada por um anjo, mas pelo próprio Senhor, para enfatizar o caráter privilegiado dos méritos de José" (*Comentário sobre São Mateus* 2, 12).

A fuga para o Egito

"Depois de sua partida, um anjo do Senhor apareceu em sonhos a José e disse: 'Levanta-te, toma o menino e sua mãe e foge para o Egito; fica lá até que eu te avise, porque Herodes vai procurar o menino para o matar'. José levantou-se durante a noite, tomou o menino e sua mãe e partiu para o Egito" (Mt 2, 13–14).

O Egito evoca as peregrinações dos patriarcas: Abraão foi até lá (Gn 12, 10) bem como Jacó, que ali se instalou (Gn 46, 2–5). Mas esse país é, antes de tudo, a terra onde o povo eleito fora reduzido à escravidão, e de onde Deus o fez sair, por intermédio de Moisés, para instalá-lo na Terra Prometida.

O patriarca José (cf. cap. 2) parte então rumo ao Egito, sob ordem do anjo (Mt 2, 19–21), tal como Moisés havia recebido a ordem de voltar ao Egito após sua estada em Madiã (Ex 4, 19–20). Os dois textos apresentam semelhanças impressionantes: "O Senhor disse a Moisés em Madiã: 'Vai, volta ao Egito, porque todos aqueles que atentavam contra a tua vida estão mortos'. Moisés tomou consigo sua mulher e seus filhos, fê-los montar em jumentos e voltou para o Egito" (Ex 4, 19–20). "O anjo do Senhor apareceu em sonhos a José, no Egito, e disse: 'Levanta-te, […] e retorna à terra de Israel, porque morreram aqueles que atentavam contra a vida do menino'. José levantou-se, tomou o menino e sua mãe e foi para a terra de Israel" (Mt 2, 19–21). O evangelista "não diz: 'Ele tomou seu filho e sua esposa', mas 'o menino e sua mãe', a título de pai nutrício e não a título de esposo" (São Jerônimo, *Comentário sobre São Mateus* 2, 21).

Jesus é o novo Moisés e a nova Israel. Herodes exerce o mesmo papel que o faraó. "Jesus vive novamente a história de seu povo: a perseguição do faraó e a libertação do Êxodo — arquétipo de todas as libertações, incluindo aquela que se segue ao exílio da Babilônia". Mas Arquelau, o filho de Herodes, reina na Judéia. Assim, José se retira na "Galiléia dos gentios" (Mt 4, 15; Is 8, 23), ou seja, em uma terra pagã.

"O anjo tinha-lhes ordenado que se dirigissem rumo ao Egito. Uma fuga para o norte não era possível; fugir rumo ao Leste, onde um deserto sucedia a outro deserto era também impossível para Maria nas circunstâncias atuais. O caminho mais curto para que saíssem do território sob dominação de Herodes era aquele que conduzia até o Egito; mas esse caminho comportava diversas centenas de quilômetros.

Surge então uma questão: será que Maria e José souberam que Deus ordenara em sonho, aos magos, que não retornassem a Herodes? Esse sonho lhes deve ter ocorrido ainda quando estavam em Belém — sem o que teriam iniciado a viagem de retorno dirigindo-se a Jerusalém. Mas se eles tiveram o sonho em Belém, certamente informaram Maria e José disso — supondo evidentemente que eles tiveram tempo para isso. É ainda possível que os magos e São José tenham sido ambos advertidos por Deus durante a mesma noite. [...]

De Belém, situada a uma altitude de aproximadamente 800 metros acima do nível do mar, era preciso descer rumo à baixa planície. A partir de lá, não havia mais uma estrada propriamente, mas caminhos pedregosos, mantidos abertos, ao longo dos séculos, tão-somente pelo casco dos animais e os pés dos homens. Eles percorreram esse trajeto em parte durante a noite.

Quando raiou o dia, foi-lhes possível ver, desde as alturas, o país dos filisteus estendendo-se na planície sob os vapores azulados da atmosfera [...]. No segundo dia, eles alcançaram Gaza, a última cidade de maiores proporções antes do deserto.

Eles ali fizeram algumas compras como provisão para a travessia do deserto.

Começa, então, a grande solidão.

É provável que José não tenha feito a travessia do deserto só com Maria. Como era preciso percorrer um território sem água e respeitar horários precisos, a fim de alcançar os pontos de acampamento previstos para a noite, os orientais se organizavam e viajavam em grupos" (F.-M. Willam).

Segundo algumas tradições, a Sagrada Família esteve não apenas no Egito, mas também na Etiópia. Ela fez uma parada primeiramente em Iunu, ou Heliópolis, a doze milhas da Babilônia, no Baixo Egito, onde se ergue, hoje em dia, a cidade do Cairo. Havia ali uma colônia judaica já desde há muitos anos. Tendo crescido e enriquecido pouco a pouco, ela possuía um Templo e uma Bíblia, quer dizer, o Templo de Leontopólis, vizinho de Heliópolis, e os exemplares gregos das Sagradas Escrituras, utilizadas pelos judeus de Alexandria. No entanto os santos esposos ali não ficaram muito tempo; segundo a tradição comum, eles partiram rumo a um pequeno vilarejo chamado Matarieh, e situado a uma milha de Heliópolis, ou seja, a uns quinhentos quilômetros de Belém. Um franciscano que realizou esse mesmo trajeto no século XVII escreve: "É preciso resignar-se em permanecer vinte e três dias sobre um camelo, exposto ao orvalho noturno e ao calor excessivo da areia incandescida pelo sol. Ao longo das quinhentos léguas de duração da viagem, não se vê uma só pedra, um só córrego, uma só fonte d'água". Ali, tendo alugado uma modesta morada, eles viveram pobres e ignorados. José, tanto quanto podia, exercia sua profissão; e Maria, por seu trabalho, o ajudava a sustentar a família.

José permaneceu no Egito "até a morte de Herodes para que se cumprisse o que o Senhor dissera pelo profeta: 'Do Egito chamei meu filho'" (Mt 2, 15), profecia presente no livro dos Números 24, 17.

Quanto tempo durou a estada deles no Egito? Só podemos fazer suposições. Antigamente se estimava que o exílio teria durado sete anos. Mas os exegetas "pensam que, no momento do massacre das crianças em Belém, Herodes beirava seus últimos anos, ou mesmo os últimos meses de sua vida. Segundo essa conjectura, a estada no Egito não chegou a durar mais do que alguns meses, e não deve ter se prolongado para além de dois ou três anos" (B. Martelet).

Mal chegara a Sagrada Família às fronteiras, em Gaza, e mesmo em Ascalão, e José já fora informado de tristes notícias. Com a morte de Herodes, grandes conflitos haviam se deflagrado em Jerusalém, e Arquelau, desde os primeiros dias de seu reinado, mostrara-se um filho digno de seu pai, mandando matar três mil judeus, os quais se refugiaram em grande parte no Templo.

"Com a morte de Herodes, o anjo do Senhor apareceu em sonhos a José, no Egito, e disse: 'Levanta-te, toma o menino e sua mãe e retorna à terra de Israel, porque morreram os que atentavam contra a vida do menino'. José levantou-se, tomou o menino e sua mãe e foi para a terra de Israel. Ao ouvir, porém, que Arquelau reinava na Judéia, em lugar de seu pai Herodes, não ousou ir para lá. Avisado divinamente em sonhos, retirou-se para a província da Galiléia e veio habitar na cidade de Nazaré, para que se cumprisse o que foi dito pelos profetas: 'Será chamado Nazareno'" (Mt 2, 19–23).

José teme as agitações dessa região, pois seu primeiro pensamento, ao que parece, fora de se dirigir a Belém, um pouco distante de Jerusalém, e ali se instalar definitivamente, pensando que seria conveniente fixar-se lá onde a Providência fizera nascer, por uma especial disposição, o Messias. Para evitar completamente a Judéia, ele toma o caminho de Ascalão; dali ele vai até Jafa e então até à Cesaréia Marítima; a seguir, virando à direita, ele atravessa os ricos campos da planície de Esdrelão, e mergulha nas montanhas da Galiléia. Essa província estava, então, sob domínio de Antipas, segundo filho de Herodes, menos cruel que os outros. É no seio dessas montanhas que se esconde a pequena cidade de Nazaré (Ch. Mola).

O massacre dos Santos Inocentes

Entrementes ocorre um episódio trágico. "Vendo, então, Herodes que tinha sido enganado pelos magos, ficou muito irritado e mandou massacrar em Belém e nos seus arredores todos os meninos de dois anos para baixo, conforme o tempo exato que havia indagado dos magos. Cumpriu-se, então, o que foi dito pelo profeta Jeremias: 'Em Ramá se ouviu uma voz, choro e grandes lamentos: é Raquel a chorar seu filhos; não quer consolação, porque já não existem' (Jr 31, 13)!" (Mt 2, 16–18).

[O número de vítimas]
> "Qual foi o número de vítimas? Ninguém sabe. Belém devia contar, àquela época, cerca de dois mil habitantes. Como a mortalidade infantil era enorme, tudo leva a crer que em Belém e arredores não devia haver mais de trinta meninos de dois anos para baixo. Mesmo para esse número restrito o massacre das crianças em Belém, ordenado por Herodes, é um crime odioso. A Igreja celebra essas pequenas vítimas inocentes e inconscientes como verdadeiras testemunhas do Cristo" (B. Martelet).

A vida ordinária em Nazaré

O retorno a Nazaré não esteve livre de dificuldades de adaptação. José e Maria tinham de estar preparados para uma chuva de perguntas quanto às razões da demora para o retorno após o recenseamento, e por sua ausência prolongada. "Para nós, os questionamentos da gente em Nazaré lançam mais luz ainda sobre a importância da viagem a Belém e da fuga ao Egito no plano geral da vida de Jesus. A ausência deles em Nazaré havia aprofundado o abismo separando Maria e José de sua indiscreta parentela. Desse modo, o mistério sobre o qual só eles estavam informados permanecia oculto; ele fora revelado somente aos pastores, aos magos, a Simeão e a Ana no Templo, personagens que o Céu havia escolhido segundo a lei da graça e não segundo a lei do parentesco. [...] É, portanto, verdade se dissermos que Jesus cresceu 'escondido' em Nazaré, ainda que José e Maria fossem conhecidos por todos, desde o tempo que antecedera a milagrosa natividade" (F.-M. Willam).

Com a chegada em Nazaré inicia-se, para a Sagrada Família, uma vida ordinária, amiúde chamada de "vida oculta", pois nada nela nos chama atenção. Ela se desdobra naquela normalidade própria a toda existência, composta de trabalho, vida familiar, amizade, lazeres e oração.

No contato com Jesus e Maria, José santifica a vida ordinária e o trabalho no lar da Sagrada Família. Numa atmosfera onde reinam a verdade, a simplicidade e a intimidade, nada vem distrair José e Maria de sua única preocupação comum: Jesus e o cumprimento de sua missão sublime. São Bernardo tira disso uma lição: assim como os pastores não encontram o Menino só, mas acompanhado de Maria e José, "é preciso que Maria, José e Jesus estejam sempre em nós, no presépio", ou seja: a humildade do Menino, a pureza da Virgem e a justiça de José, "esse homem justo que ocupa um tão belo lugar no Evangelho".

Para Bossuet, "José teve essa honra de estar todos os dias com Jesus Cristo. Ele teve a maior parte, como Maria, nas suas graças; e apesar disso José viveu oculto; sua vida, suas ações, suas virtudes eram ignoradas. Talvez possamos aprender, com um tão belo exemplo, que é possível ser grande sem brilhar, que é possível ser bem-aventurado sem fazer barulho, que é possível ter a verdadeira glória sem o auxílio do renome, apenas pelo testemunho de nossa consciência. [...] Para contemplarmos verdadeiramente a grandeza e a dignidade da vida oculta de José, remontemos até o princípio e admiremos, antes de tudo, a variedade infinita de conselhos da Providência nas diversas vocações" (1º *Panegírico de São José*, 1660). Curiosamente, o mesmo Bossuet considerava que a vida ordinária em Nazaré era mais extraordinária que a Paixão vivida por Nosso Senhor no Gólgota, "pois, enfim, não temeria dizê-lo, ó meu Salvador: eu vos conheço melhor sobre a Cruz, na vergonha de vosso suplício, do que o conheço nessa pequenez, nessa vida ignorada" (*Panegírico de São José*, 19 de março de 1656).

Em Nazaré, o próprio Jesus aprende com José, que exerce sua paternidade junto a ele: "A submissão de Jesus à sua Mãe e ao seu pai legal foi o cumprimento perfeito do quarto mandamento. É a imagem temporal da sua obediência filial ao Pai celeste. A submissão diária de Jesus a José e a Maria anunciava e antecipava a submissão da Quinta-Feira Santa: 'Não se faça a minha vontade [...]' (Lc 22, 42). A obediência de Cristo, no cotidiano da vida oculta, inaugurava já a recuperação daquilo que a desobediência de Adão tinha destruído" (*Catecismo da Igreja Católica*, nº 532). Essa submissão do Filho de Deus é surpreendente em si: "Quem, pois, estava submetido a quem? Um Deus estava submisso a homens; um Deus, repito, a quem os anjos, os principados e as potestades obedecem, submetia-se a Maria, e não apenas a Maria, mas também a José, por causa de Maria. Admirem um e outro e escolham o que preferem: ou a delicada condescendência do Filho ou a supereminente dignidade da Mãe. De ambos os lados, trata-se de um prodígio que nos deixa estupefatos" (*Homilia I super Missus est*, 7).

"Trata-se, em última análise, da santificação da vida cotidiana, no que cada pessoa deve empenhar-se, segundo o próprio estado, e que pode ser proposta apontando para um modelo acessível a todos: 'São José é o modelo dos humildes, que o cristianismo enaltece para grandes destinos; [...] é a prova de que, para ser bons e autênticos seguidores do Cristo, não se necessitam "grandes coisas", mas requerem-se somente virtudes comuns, humanas, simples e autênticas' (Paulo VI)" (João Paulo II, Exort. Ap. *Redemptoris custos*, nº 24).

[O homem justo]

"Se o Espírito Santo chamou José de 'homem de bem' ou 'homem justo', quando ele foi escolhido como esposo de Maria, consideremos a abundância de amor divino e de virtudes que nosso santo pôde desfrutar nas conversas e no convívio contínuo com sua santa esposa, em quem ele via um perfeito modelo de todas as virtudes. Se uma só palavra de Maria basta para santificar João Batista e encher Isabel do Espírito Santo, quão grande não é a santidade a que chegou a bela alma de José por meio das relações familiares vividas com Maria, durante o período de ao menos vinte e cinco anos, segundo a tradição" (Santo Afonso Maria de Ligório, *Exortações para se conduzir as almas à devoção a São José*, 7ª meditação).

Chamar José de homem de bem ou homem justo significa afirmar que ele possui a virtude de justiça, mas também todas as virtudes sobrenaturais, no sentido da Escritura: "Como a palmeira, florescerão os justos" (Sl 91, 13). Tal é a doutrina de São João Crisóstomo: "Chama-se justo aquele que é dotado de todas as virtudes, sendo a justiça toda a virtude, e é nesse sentido, sobretudo, que a Escritura se serve do termo Justiça, quando se exprime assim: Homem justo, verídico" (*Hom. IV in Matthaeum* 3).

[O carpinteiro]

Vemos São José, nos Evangelhos, exercendo a profissão de carpinteiro. "Não é ele o carpinteiro, o filho de Maria?" (Mc 6, 3), perguntam-se entre si os habitantes de Nazaré quando Jesus vem pregar na sinagoga deles. Esse texto parece ter comportado, em uma versão primitiva, atestada por Orígenes e o papiro 45 do séc. III, "o filho do carpinteiro", como se lê na passagem paralela de São Mateus (13, 55): "Não é este o filho do carpinteiro? Não é Maria sua mãe? Não são seus irmãos Tiago, José, Simão e Judas?".

Independentemente dos testemunhos apócrifos, a condição de carpinteiro é endossada pela tradição. No séc. II, São Justino escreve que Jesus fabricava "carroças e jugos para os bois". As versões siríaca, copta e etíope apontam na mesma direção. O termo "carpinteiro" traduz o greco *tektôn*, que designa o *faber lignarius*, aquele que trabalha a madeira, e pode ser entendido num sentido amplo de carpinteiro, marceneiro, construtor. Ver cap. V ("São José e o trabalho").

[O casal Maria e José]

Maria dizia a Santa Brígida, da Suécia: "José me serviu como sua soberana, e, de minha parte, abaixei-me ao ponto de lhe prestar os mais mínimos serviços. Quanto às riquezas, nós só guardávamos,

> José e eu, aquilo que era necessário para nos dar forças para o serviço de Deus. Fazíamos, por amor a Deus, o sacrifício do supérfluo e o dávamos aos pobres. Por outro lado, estávamos sempre contentes com o pouco de que dispúnhamos.
>
> Desde a eternidade, fui destinada a estar sentada sobre um trono sublime, a ser honrada acima de todos os homens. No entanto, em minha humildade, não desdenhei o serviço a José, nem o preparo de tudo o que nos era necessário, para ele e para mim.
>
> Ao me servir, José nunca deixou cair de seus lábios uma só palavra leviana, de murmuração ou de ira. Ele era muito paciente na pobreza, muito ativo no trabalho, quando necessário, muito doce para com aqueles que lhe falavam duramente, muito atencioso nos favores que me prestava, muito atento e apto a defender-me contra aqueles que atacavam minha virgindade, testemunho fiel das maravilhas divinas. Ele estava a tal ponto morto para o mundo e para a carne, que só desejava as coisas do Céu. Sua fé nas promessas divinas era tal, que ele exclamava com freqüência: 'Que eu possa viver o bastante para ver o cumprimento da vontade de Deus!'. Ele freqüentou pouco os homens e suas assembléias. Seu único desejo era obedecer às leis do Senhor. Assim é que, hoje, sua glória é grande" (*Revelações* 7, 25).

"José é o patrono da vida oculta. Dele a Escritura não traz nem uma só palavra. É o silêncio que é pai do Verbo. Quantos contrastes em José! Ele é o patrono dos celibatários e dos pais de família, dos leigos e dos contemplativos! Patrono dos padres e dos homens de negócios" (P. Claudel, *Carta a Sylvain Pitt*, 24 de março de 1901).

Canísio traz o testemunho de Eusébio de Emesa, segundo o qual Maria, como não tivesse irmãos, recebeu a herança de seus pais sozinha. Ele cita também Nicéforo Calisto, para quem Maria e José tinham em Nazaré não somente um domicílio, mas posses e terras. Segundo o Pe. Mola, "após seu casamento, a casa paterna de sua esposa imaculada tornou-se a sua própria, no entanto ele não cessava de freqüentar sua oficina". Phocas comenta que "a casa de José se transforma em um magnífico templo", por ter ali acolhido o Salvador da humanidade e sua Santíssima Mãe.

Em seu "Evangelho da Infância", São Mateus acentua o papel de José. Ele termina sua anunciação enfatizando "a submissão de José, ilustrando como ele é verdadeiramente bom, virtuoso.

José cumpre a segunda etapa de seu casamento com Maria acolhendo sua esposa em casa; e ele deu ao menino o nome de Jesus, reconhecendo assim seu filho — segundo as duas ordens precisas do anjo. Mas José foi além dessas ordens, de modo a cumprir as palavras do profeta. O anjo havia dito a José que o menino que Maria trazia consigo era obra do Espírito Santo, concordando assim com a primeira proposição de Isaías: 'uma virgem conceberá'. O profeta prossegue afirmando que ela 'dará à luz um filho'; e então Mateus nos diz explicitamente que José não conheceu Maria até que ela desse à luz um filho. É a afirmação, de Mateus, de que Maria não somente concebeu estando virgem, mas que ela assim permaneceu até o nascimento de Jesus" (Raymond E. Brown).

O fato de o evangelista dizer que José não teve relações com Maria até que ela desse à luz um filho (Mt 1, 25), não deve nos surpreender, escreve Santo Ambrósio, pois trata-se de uma fórmula que encontramos em outras passagens das Escrituras: "'Permanecerei o mesmo até sua velhice' (Is 46, 4); por acaso após sua velhice Deus cessou de ser o mesmo?" (*Homilia sobre Lucas* 2, 6).

Poderíamos dizer que Mateus "se interessa essencialmente por quatro questões: 1. '*Quem* é Jesus?'. A genealogia (1, 1–17) responde então a essa questão. Sua identidade, ilustrada por seus ancestrais, é afirmada por sua filiação divina e abraâmica. 2. A segunda cena (1, 18–25) responde à questão do '*Como* da identidade de Jesus': ele é filho de Davi, não porque foi engendrado por um descendente de Davi, mas porque um davídico, José, o aceitou como seu filho. 3. A passagem seguinte (2, 1–12) responde à questão: '*Onde* Jesus nasceu?'. Ele nasceu em Belém, o que enfatiza sua identidade como filho de Davi. Ora são os magos — gentios, portanto — quem reagem a esse nascimento na fé, manifestando assim que Jesus é, de fato, o filho de Abraão (1, 1). 4. Os três curtos relatos: fuga para o Egito, massacre das crianças de Belém e estabelecimento em Nazaré (2, 13–23) colocam em ação o destino de Jesus e respondem à questão '*De onde* vem Jesus?'. Jesus passa, providencialmente, pelas mesmas experiências de Moisés no Egito e de Israel durante o Êxodo. Ele se desloca entre Belém, a cidade do rei dos judeus, o Egito, até à Galiléia dos gentios; ele vai residir em Nazaré — e vem daí, segundo Mateus, seu nome Nazareno" (Gérard Rochais).

[José, guardião de Jesus]

"De que forma José exerce essa guarda? Com discrição, com humildade, no silêncio, mas por uma presença constante e uma fidelidade total, mesmo quando a incompreensão o acomete. Desde seu casamento com Maria, até o episódio de Jesus aos doze anos no Templo de Jerusalém, ele acompanha cada momento com atenção e amor. Ele está junto de Maria, sua esposa, nos momentos serenos e nos momentos difíceis da vida, na viagem até Belém para recenseamento e nas horas de ansiedade e alegria do parto; no momento dramático da fuga para o Egito e na busca inquieta do filho no Templo; e em seguida no cotidiano da casa de Nazaré, na oficina onde ele ensinou a profissão a Jesus.

De que forma José vive sua vocação de guardião de Maria, de Jesus, da Igreja? Na constante atenção voltada a Deus, aberto a seus sinais, disponível para o projeto divino mais do que para o seu próprio [...]. E José é 'guardião' eleito, pois sabe ouvir a Deus, deixando-se guiar por sua vontade, e justamente por conta disso ele é ainda mais sensível às pessoas que lhe são confiadas. Ele sabe ler com realismo os acontecimentos, permanecendo atento àquilo que o cerca e apto a tomar as decisões mais sábias. Nele, caros amigos, podemos ver como se deve responder à vocação de Deus, com disponibilidade, com prontidão. Mas podemos também ver qual é o centro da vocação cristã: o Cristo! Nós guardamos o Cristo em nossa vida, para podermos guardar os outros, para guardarmos a criação!" (Papa Francisco, *Homilia da missa inaugural do pontificado*, 19 de março de 2013).

Na realidade, São José não se apresenta a nós apenas como o guardião consciencioso de Jesus, "mas com Maria ele personifica a amizade dos pais para com o filho, naquilo que ela possui de mais desinteressada e dedicada. E assim como o amor faz com que aquele que ama se transmita à pessoa amada, também assim José, para empregar a expressão de Ubertino de Casale, estava inteiramente transformado em Jesus, objeto de sua contemplação cotidiana, a um tal ponto que poderíamos resumir nestas poucas palavras toda a atividade de José junto a Jesus: 'Amor atencioso e dedicado, para responder a todas as necessidades da divina criança; amor forte e corajoso, para protegê-lo do furor de seus inimigos; amor terno e afetuoso, para unir-se de forma inseparável a ele' (Billuart)" (R. Gauthier).

A missão de São José

José está predestinado, desde a eternidade, à dignidade de esposo de Maria e pai nutrício de Jesus. A predestinação é o desejo eterno da vontade de Deus, por meio do qual ele previu que certos homens alcançariam a felicidade eterna — os "eleitos". A predestinação comporta não somente a glória celeste por vir, mas também todas as graças concedidas ao longo da vida, para que se chegue efetivamente até ela.

A Congregação para o Culto Divino e a Disciplina dos Sacramentos escreve que "em sua sabedoria providencial, Deus realizou seu plano salvífico confiando a José de Nazaré, 'homem de bem' (cf. Mt 1, 19) e esposo da Virgem Maria (cf. Ibid.; Lc 1, 27), uma missão particularmente importante: primeiramente, introduzir legalmente Jesus na linhagem de Davi, da qual, segundo a promessa das Escrituras (cf. 2Sm 7, 5–16; 1Cr 17, 11–14), devia nascer o Messias Salvador, e, em segundo lugar, assumir a função de pai e guardião junto a essa criança. Em virtude dessa missão, São José é muito presente nos mistérios da infância do Salvador: ele recebe de Deus a revelação da origem divina da Maternidade de Maria (cf. Mt 1, 20–21), e ele é testemunha privilegiada do nascimento de Jesus em Belém (cf. Lc 2, 6–7), da adoração dos pastores (cf. Lc 2, 15–16), e daquela dos magos vindos do Oriente (cf. Mt 2, 11); ele cumpre seu dever religioso junto ao Menino ao introduzi-lo na Aliança de Abraão, quando da circuncisão (cf. Lc 2, 21), e ao dar-lhe o nome de Jesus (cf. Mt 1, 21); em respeito à Lei, ele apresenta o Menino no Templo e o resgata oferecendo o dom dos pobres (cf. Lc 2, 22–24; Esd 13, 2.12–13) e, repleto de espanto, ouve o cântico profético de Simeão (cf. Lc 2, 25–33); ele protege a Mãe e o Filho durante a perseguição de Herodes ao fugir para o Egito (cf. Mt 2, 13–23); ele vai todos os anos para Jerusalém com a Mãe e o Menino para a festa da Páscoa e assiste, temeroso, ao episódio do desaparecimento de Jesus, aos doze anos, que permanecera no Templo (cf. Lc 2, 43–50); ele vive na casa da família em Nazaré, exercendo sua autoridade paterna junto a Jesus, que lhe era submisso (cf. Lc 2, 51) e lhe ensina a Lei e sua profissão de carpinteiro" (*Piedade popular*, 2001, n° 218).

A missão de José se cumpre primeiramente no que diz respeito à virgindade de Maria, a qual ele é chamado a preservar, contraindo com ela verdadeiro casamento; ela se cumpre, em seguida, para com o Menino Jesus, junto a quem ele exerce uma vice-paternidade, segundo o prefácio da missa de São José; ela se cumpre, em terceiro lugar, com o mistério da Encarnação, que deverá ser revelado a José, para que ele possa proteger a virgindade de sua esposa e assegurar a educação do Filho de Deus. José vivia a esperança da vinda do Messias: "O traço característico da alma religiosa judaica era a esperança messiânica. O fervor da religião estava voltado para o futuro, um maravilhoso futuro no qual o Messias traria a seu povo a salvação e instauraria um reino do qual Deus seria o mestre. José era intimamente habitado por essa esperança e ele, com mais impaciência do que os outros, esperava essa era nova. [...] Ele se lembrava dos oráculos proféticos [Jr 31, 33; Ez 36, 25–29] que anunciaram uma Nova Aliança no qual o povo pertenceria verdadeiramente a seu Deus, com um espírito novo e um coração novo" (J. Galot).

De acordo com os Padres da Igreja, José é o modelo dos apóstolos que levam o Cristo aos gentios (Hilário de Poitiers) e modelo também dos pastores da Igreja, especialmente do bispo (Ambrósio). Eles chegam inclusive a estabelecer uma analogia entre o artesão terrestre, pai de Jesus aos olhos dos homens, e o Artesão celeste, o Pai do Verbo. De sua dignidade particular "decorriam, por elas próprias, as missões que a natureza impõe aos pais de família; assim, José era o guardião, o administrador e o defensor legítimo e natural da casa divina da qual ele era chefe. Ele exerceu de fato essas funções durante toda sua vida mortal. Ele se dedicou a proteger com um amor supremo e uma solicitude diária sua esposa e o divino Menino;

ele ganhou regularmente, por meio de seu trabalho, aquilo que era necessário tanto a um quanto a outro para o alimento e a vestimenta; ele preservou da morte o Menino ameaçado pela inveja de um rei, obtendo-lhe um refúgio; nos incômodos das viagens e nas aflições do exílio, ele foi o companheiro constante, o auxílio e o apoio da Virgem e de Jesus" (Leão XIII, encíclica *Quamquam pluries*).

O reencontro de Jesus no Templo

São Lucas explica que, ao retornar do Templo, onde fora apresentado por seus pais, "o menino ia crescendo e se fortificava: estava cheio de sabedoria, e a graça de Deus repousava nele" (Lc 2, 40).

No entanto, o tempo alegre da contemplação de seu Filho é escurecido por um acontecimento que encherá os corações de Maria e José de angústia. A Lei impunha aos judeus que se apresentassem no Templo de Jerusalém três vezes por ano, especialmente por ocasião da festa da Páscoa, a fim de oferecerem suas adorações e sacrifícios ao Senhor Deus. Certamente a Sagrada Família vinha todos os anos à Cidade Santa. Assim, a viagem narrada por São Lucas (2, 41–52) não é, provavelmente, a primeira da qual participou o divino Salvador, pois "seus pais iam todos os anos a Jerusalém para a festa da Páscoa" (Lc 2, 41).

Quando ele chegou à idade de doze anos, aquela em que os jovens judeus faziam seu *bar mitzvah*, "subiram a Jerusalém, segundo o costume da festa" (Lc 2, 42).

A Lei não prescrevia que se prolongasse a presença em Jerusalém durante os oito dias de duração da festa de Páscoa. Mas os peregrinos vindos de longe deviam certamente repousar por algum tempo. "Maria e José passaram, provavelmente, a semana inteira em Jerusalém. O último dia da festa era celebrado ao modo de um *shabat*; era de certa forma um 'dia seguinte à festa', algo como, hoje em dia, a festa de Santo Estevão, a segunda-feira de Páscoa ou a segunda-feira de Pentecostes. Os cerca de mil peregrinos não podiam, naturalmente, pegar todos a estrada ao mesmo tempo" (F.-M. Willam). Viajava-se em caravanas, partindo-se ao meio-dia e, no primeiro dia, só uma curta etapa era efetuada. A hora de partida era determinada segundo o local da primeira parada.

"Acabados os dias da festa, quando voltavam, ficou o Menino Jesus em Jerusalém, sem que os seus pais o percebessem. Pensando que ele estivesse com os seus companheiros de comitiva, andaram caminho de um dia e o buscaram entre os parentes e conhecidos" (Lc 2, 43–44). É perfeitamente plausível que o Menino Jesus, já com doze anos, se encontrasse só durante uma peregrinação, pois as crianças podiam caminhar ou com seu pai, ou com sua mãe, já que homens e mulheres viajavam em duas caravanas separadas. Ao final do dia, quando os peregrinos se reagrupavam por famílias, Maria e José devem ter se dado conta, após procurar por Jesus, de que ele não estava ali.

Maria, acompanhada de José, retorna pelo caminho, provavelmente durante a noite, ou tendo de aguardar o dia seguinte e a luz do dia, o que torna a espera forçada deles ainda mais dolorosa. Eles pedem informações a todos que encontram. "Mas não o encontrando, voltaram a Jerusalém, à procura dele" (Lc 2, 45). Sua principal fonte de preocupação vinha, provavelmente, de seu conhecimento das Escrituras anunciando um Messias sofrido e torturado. "Será que a Paixão já havia começado? O pensamento de que Jesus podia estar sofrendo aquilo que os profetas haviam anunciado — sem seus pais! — era algo que lhes dilacerava o coração. Ou será, como fora o caso de outros profetas, que Jesus teria sido elevado pelo Espírito de um modo misterioso, sem que se pudesse saber aonde ele o teria levado, nem quando ele reapareceria?" (B. Martelet).

"Três dias depois o acharam no Templo, sentado no meio dos doutores, ouvindo-os e interrogando-os. Todos os que o ouviam estavam maravilhados da sabedoria de suas respostas"

(Lc 2, 46-47). É provável que Jesus tenha participado da lição dada às crianças de sua idade e do diálogo com os mestres do Templo, como seus pais constatam.

"Quando eles o viram, ficaram admirados. E sua mãe disse-lhe: 'Meu filho, que nos fizeste?! Eis que teu pai e eu andávamos à tua procura, cheios de aflição'. Respondeu-lhes ele: 'Por que me procuráveis? Não sabíeis? É na casa de meu Pai que devo estar'" (Lc 2, 48-49). Não parece, no entanto, que eles tivessem lembrado disso.

Maria e José, testemunhas dessa cena, dividem o espanto com os doutores presentes, não porque ignorem de onde é que o Menino tirava uma tal mensagem, mas porque era a primeira vez que ele se manifestava em público. "Extremamente feliz com o reencontro" — escreve o Pe. d'Alès — "Maria não pode esquecer aquilo que sofrera; sem nenhum ressentimento, mas com um afetuoso abandono, ela o admite para seu Filho, e lhe pergunta o porquê do fato. Esse 'por quê' é uma extensão daquele 'como' que ela dissera ao anjo, no dia da Anunciação. Não havia, àquela ocasião, nenhuma incredulidade; aqui, tampouco nenhum sinal de reprimenda". Jesus responde ao "por que" da Virgem com outro "por que", querendo, nessa circunstância, fazer com que aqueles a quem seu Pai o havia confiado entendessem que ele devia conservar toda sua independência em sua missão. Abstendo-se de qualquer reprimenda, ele faz alusão ao mistério de sua filiação divina.

Jesus não critica seus parentes "por eles o buscarem como filho deles" — explica o Venerável Beda — "mas ele eleva o olhar de seus espíritos, para que eles vejam tudo aquilo que Jesus deve Àquele de quem ele é o Filho eterno". É seu dever estar na casa de seu Pai, ou seja, no Templo, uma "casa de oração" (Lc 19, 46), como ele mesmo dirá mais tarde. De acordo com uma outra tradução, Jesus teria respondido a seus pais que ele deveria ocupar-se das coisas de seu Pai e, portanto, tratar prioritariamente daquilo que constitui sua missão, a razão de sua vinda sobre a Terra. Ele dirá um dia, após um caminho cansativo, repousando sentado à margem do poço de Jacó: "Meu alimento é fazer a vontade daquele que me enviou e cumprir a sua obra" (Jo 4, 34), mostrando com essas palavras que ele almeja, sempre e em tudo, fazer somente aquilo que agrada a seu Pai (cf. Jo 8, 29).

Para São Boaventura, José e Maria representam aqui os "doutores e os pregadores que buscam o Cristo nas Escrituras". Já um sermão de Santo Antônio de Pádua aponta José como o símbolo da pobreza, e Maria aquele da humildade; em Simeão a penitência e em Ana a obediência. Maria e José "não compreenderam o que ele lhes dissera", acrescenta São Lucas (2, 50): a Sagrada Família retoma então o caminho de Nazaré, e Jesus ali viverá obediente junto a seus pais. Quanto à sua mãe, ela "guardava todas essas coisas no seu coração" (Lc 2, 51).

A morte de José

A Escritura nada diz sobre o momento em que São José foi chamado a Deus. Parece plausível que ele tenha falecido antes da Paixão de Nosso Senhor, pois, de outro modo, seria a ele que Jesus deveria ter confiado Maria, e não ao discípulo João. Acrescenta-se a isso uma razão de conveniência: se José estivesse vivo quando do início da pregação de Jesus, ele teria podido representar um obstáculo à sua missão, pois as pessoas teriam pensado que Jesus, ao mencionar seu Pai, estivesse falando de José. Na opinião de alguns, quando Jesus inicia sua vida pública, ele não precisa mais de José, pois este já cumprira sua missão de "guardião do Redentor". Para outros, José teria morrido pouco após o reencontro no Templo, episódio após o qual não se faz mais menção a José. "A opinião comum é que ele morreu por volta de seus sessenta anos, e antes da época em que Nosso Senhor saiu de Nazaré para receber o batismo de São João Batista" (Patrignani).

A morte de São José foi privilegiada, foi uma morte "de amor", como aquela de Maria, segundo São Francisco de Sales. A 8ª ode das matinas do 19 de março, na liturgia católica grega, diz: "José bem-aventurado, tua morte se deu entre as mãos de Deus; com efeito foste purificado desde a infância, e tu te tornaste guardião daquela que fora repleta de todas as bênçãos. E com ela tu exclamaste, dizendo: 'Obras do Senhor, bendizei todas o Senhor, louvai-o e exaltai-o eternamente!' (Dn 3, 57). O justo José verdadeiramente abraçou o Deus criador diante de quem estremecem as criaturas imateriais, e ele o abraçou enquanto criança, dele recebendo uma luz espiritual, e o glorificou".

"A presença de uma tal esposa e de um tal Filho, nome que o divino Redentor se dignava a assumir, tornou a morte de José mui doce e mui preciosa. Com efeito, como poderia ela ter sido amarga, a morte daquele que expirava nos braços da Vida! Quem poderá jamais expressar ou compreender as puras delícias, as consolações, as bem-aventuradas esperanças, os atos de resignação, as chamas de amor provocadas no coração de José pelas palavras de vida eterna que lhe eram ditas ora por Jesus, ora por Maria, nesses últimos momentos? [...]

Assim foi a morte de nosso santo: ela foi pacífica e suave, sem angústias e sem temores, pois sua vida fora sempre pura. Uma tal morte não é possível àqueles que por vezes ofenderam a Deus e mereceram o Inferno; no entanto, quem quer que, à hora da morte, se veja protegido por São José, não deixará de experimentar uma grande consolação: aquele a quem Deus dignou-se estar submisso saberá ordenar aos demônios que fujam, e impedi-los de tentar, então, seus servos. Feliz a alma que, em seus derradeiros combates, tiver esse grande santo por protetor! Pois, tendo morrido entre os braços de Jesus e de Maria, e tendo livrado o Menino Jesus do perigo da morte ao transportá-lo até o Egito, José obteve o privilégio de ser o Patrono da boa morte e de livrar seus servidores moribundos do perigo da morte eterna" (Santo Afonso Maria de Ligório).

Sem dúvida, escreve o Pe. Patrignani, "Jesus terá compensado, nesse instante, todo o cansaço de José com torrentes de alegria interior, todas as lágrimas com um sem-número de consolações celestes, todas as suas angústias com dons seguros de confiança e paz. Com uma das mãos Nosso Senhor sustentava a cabeça lânguida de José, e tocava com a outra esse mesmo coração sobre o qual repousara com tanta freqüência quando criança; ele o atravessava com raios de seu amor. Maria, por sua vez, dava humildemente graças a seu esposo pela santa companhia que ele lhe havia oferecido, pelos cuidados afetuosos que lhe havia dado; e as palavras de Maria eram, para o morrente, como flechas de amor que terminavam de consumi-lo. Isso levou alguns a afirmarem que foi o amor que fez expirar São José. Seja como for, a Igreja compara sua morte, ora a um pacífico sono [...]; ora a uma chama aromática que se consome na medida em que é queimada, e que morre exalando o odor suave que penetrava sua substância. Podemos invejar a morte dos santos, pois todos morrem com um beijo do Senhor; mas esse beijo nada tem de real, e não é mais do que um doce e precioso sentimento de amor. José morreu, ele sim, verdadeiramente com um beijo do Senhor".

De acordo com o chanceler Gerson, Jesus lavou, ele próprio, o corpo de José; cruzou-lhe as mãos sobre o peito, abençoou-o, a seguir, para preservar-lhe da corrupção da tumba, e encarregou os anjos de o guardarem até o momento em que ele o instalaria no sepulcro de seus antepassados, entre a montanha de Sião e o monte das Oliveiras. Na apócrifa *História de José, o carpinteiro*, José morre aos cento e onze anos, quando Jesus tinha dezoito. Em seu leito de morte, José lamenta-se amargamente por sua falta de compreensão do milagre da Encarnação: "Eu não conhecia, Senhor" — diz ele a seu filho —, "e não compreendo o mistério de tua concepção, tão desconcertante. Ó meu Senhor, não fosse a ordem desse mistério, eu não creria em ti nem em tua santa concepção, dando glória àquela que te deu à luz, a Maria, Virgem bendita". Maria vai até seu filho, à cabeceira do leito de José, senta-se a seus pés e, entristecida, ouve-o dizer: "Ó, minha mãe querida..., a morte é a soberana da humanidade! Até mesmo tu, é preciso que morras como todo homem. Mas... tua morte não será uma morte, mas uma vida eterna e sem fim". Enquanto isso Satã e seus asseclas rondam o moribundo, sem que Maria se dê conta; ao que Jesus diz:

"[...] nem mesmo Maria, minha Mãe, nada conheceu de todos os exércitos terríveis que perseguem as almas dos homens".

A *História de José, o carpinteiro*, situa o túmulo de José em Nazaré, e assim também o fazem o sinaxário alexandrino (a liturgia grega conserva a data do dia 20 de julho para a morte), árabe jacobita (também o dia 20 de julho) e etíope (dia 2 de agosto). A Congregação dos Ritos rejeitou por duas vezes, no séc. XVII, a opinião que fixa a morte do santo patriarca no dia 20 de julho. Ela continua sendo, contudo, sustentada pelo Cardeal Lépicier — ele também situa a morte de José após o segundo ano de vida pública de Nosso Senhor: "Podemos ler, em São Mateus, que na sua chegada em Nazaré, Jesus foi mal recebido por seus concidadãos, que se exprimem assim: 'Não é este o filho do carpinteiro? Não é Maria sua mãe? Não são seus irmãos Tiago, José, Simão e Judas? [...] Donde lhe vem, pois, tudo isso?'. Ao pesarmos bem essas expressões, perceberemos, primeiramente, que se supõe que todas as pessoas designadas, seja em particular, seja em geral, estejam ainda vivas quando os nazarenos falam desse modo. Mas, sobretudo, aquilo que é dito do carpinteiro tem um significado bastante especial: no grego, ele é designado pelo artigo, o que nos dá o seguinte sentido: este aqui, Jesus, não é o filho do carpinteiro, que nós todos conhecemos? Para compreendermos toda a força desse raciocínio, é preciso lembrar que, no tempo de Nosso Senhor — como aliás ainda hoje em dia —, só havia, nos pequenos vilarejos como Nazaré, um carpinteiro reconhecido por todos enquanto tal — uma espécie de carpinteiro oficial — o qual era sucedido, após sua morte, por um outro da mesma profissão. Se, portanto, à época de que tratamos, São José estivesse já morto, Jesus não teria podido ser designado apenas como filho do carpinteiro, mas teria sido preciso acrescentar o nome de José, para indicar a qual carpinteiro estavam se referindo. E se houvesse em Nazaré diversos outros carpinteiros, e José não vivesse mais neste mundo, seria tanto mais preciso, para evitar qualquer confusão, citar seu nome. Lembremo-nos que isso se passou após a segunda Páscoa da vida pública de Jesus Cristo, ou seja, antes que ele enviasse seus apóstolos pela primeira vez para que pregassem o Reino de Deus".

[**A ascensão de José**]
> São João XXIII escreve que "cabe aos mortos do Antigo Testamento mais próximos do Cristo — mencionemos dois que participaram de sua vida de modo mais íntimo, João Batista, o Precursor, e José de Nazaré, seu pai nutrício e guardião, — cabe a eles, podemos crer piedosamente, a honra e o privilégio de abrir esse admirável acompanhamento no caminho para o Céu: e entoar as primeiras notas do interminável *Te Deum* das gerações humanas que caminharão sobre os passos de Jesus Redentor rumo à glória prometida aos fiéis, à sua graça".

A ressurreição de José

Trata-se de uma piedosa crença que se forjou a partir de Mateus 27, 52–53. Após a morte do Cristo sobre a Cruz, "Os sepulcros se abriram e os corpos de muitos justos ressuscitaram. Saindo de suas sepulturas, entraram na cidade santa depois da ressurreição de Jesus e apareceram a muitas pessoas".

São Bernardino de Siena escreve, nesse sentido, que "se Deus o Salvador quis, para satisfazer sua piedade filial, glorificar o corpo e a alma de Maria no dia de sua Assunção, podemos e devemos crer piedosamente que ele não tenha feito menos por José, tão grande entre todos os santos; que ele o tenha ressuscitado glorioso no dia em que, após ter ressuscitado a si próprio, tirou tantos outros do pó de suas tumbas". O Cardeal Lépicier se inspira na cena do transporte dos ossos do patriarca José do Antigo Testamento pelos hebreus rumando a Canaã e estima que "não pode ter faltado um sentimento de piedade filial que excitasse o divino Salvador a fazer sair do sepulcro a ossada do santíssimo e puríssimo esposo de sua Mãe, para introduzi-la, logo após, impassível, imortal, sutil e radiante de glória, no Céu".

São João XXIII declara que se pode aceitar como plausível a assunção corpórea de São João Batista e de São José (Festa da Assunção, 1960).

O Céu e São José

Nosso Senhor afirma que, na outra vida, seu Pai "recompensará a cada um segundo suas obras" (Mt 16, 27). "Qual não deve ser, portanto, a glória concedida por ele a São José, que ele tanto amou e que tanto lhe serviu durante sua vida cá embaixo! No último dia, o Salvador dirá aos eleitos: 'Tive fome, e vós me destes de comer; tive sede, e vós me destes de beber; necessitei de uma morada, e me acolhestes; estive nu, e me vestistes'. — No entanto, os outros só o terão nutrido, acolhido, e vestido na pessoa dos pobres, ao passo que São José ofereceu alimento, habitação e vestimenta à própria pessoa de Jesus Cristo. Ademais, o Senhor prometeu uma recompensa a todo aquele que desse aos pobres, ainda que fosse um simples copo d'água (Mt 10, 42). Qual não será, pois, a recompensa de José, que pode dizer a Jesus Cristo: 'Não somente dei-te de comer, dei-te uma morada e vestimentas, como também te salvei a vida, libertando-te das mãos de Herodes!'" (Santo Afonso Maria de Ligório, *Sermão para a festa de São José*, 2).

Podemos dizer, então, que, como o mistério da Encarnação domina tudo, a glória de José no Céu é superior àquela de todos os outros santos — excetuando-se a da Santíssima Virgem. Deus prometeu que aquele que receber "um justo, na qualidade de justo, receberá uma recompensa de justo" (Mt 10, 41). Parece lógico, portanto, que ele deva dar a José uma recompensa digna da magnificência do Deus de quem ele foi pai e guardião sobre a Terra; ele, que fora precisamente qualificado pelo anjo do senhor como um "homem justo" (Mt 1, 19).

Essa presença no Céu é fonte de uma alegria incomparável para José. "Sem dúvida", escreve São Bernardino de Siena, "Jesus Cristo, vivendo sobre a Terra, mostrou para com São José marcas de intimidade, de respeito e estima muito elevadas, tais como um filho as deve a seu pai, e que mesmo no Céu hoje ele não as recusa; ao contrário, ele as completa e as consuma. É por isso que é dito: 'Entra na felicidade de teu Senhor', para nos fazer entender misticamente que não apenas esta felicidade está nele, mas que ela o circunda e o absorve por todos os lados, imergindo-o como num abismo infinito" (*Sermão I de São José*, 3).

[A glória de São José]

> São Bernardino de Siena afirmava, diante dos habitantes de Pádua: "Seria possível acreditar que os braços que carregaram por tanto tempo o Salvador tenham permanecido enterrados na poeira dos mortos? Como crer que Jesus Cristo não tenha admitido em seu palácio celeste esse corpo sagrado que fora outrora sua muralha protetora sobre a Terra? Sim, São José vive glorioso no Céu; ele lá reina em corpo e em alma". Para Olivi, "é indubitável: a intimidade e reverência que o Cristo lhe mostrara sobre a Terra, tal um filho para com seu pai, ele não lhas recusa no Céu, mas antes as eleva à perfeição".
>
> São Francisco de Sales e muitos outros depois dele afirmam que São José se encontra na glória, em corpo e alma. Na hierarquia celeste, José vem imediatamente após Maria, o que faz dele o advogado por excelência dos homens, segundo Carlos de São Paulo. Este autor chama a atenção para o fato que nosso santo porta as três coroas próprias aos mártires, aos confessores e aos virgens (*Quadro de qualidades eminentes de São José*, 1629).
>
> Dom Maréchaux explica as razões disso: "O Evangelho nos ensina que Nosso Senhor quis ter companheiros de sua Ressurreição gloriosa. São Mateus nos diz que, quando da Morte de Jesus, 'os sepulcros se abriram e os corpos de muitos justos ressuscitaram. Saindo de suas sepulturas, entraram na cidade santa depois da ressurreição de Jesus e apareceram a muitas pessoas' (Mt 27, 52–53). Como seria possível que Jesus, escolhendo uma escolta de ressuscitados para afirmar com ainda mais força a sua própria Ressurreição e dar mais brilho a seu triunfo não tenha contado entre eles, e disposto em primeira linha, São José, seu pai adotivo? São José tinha todos os títulos possíveis a esse favor: títulos análogos àqueles que valeram a Maria sua Assunção gloriosa, a saber, sua eminente virgindade, sua qualidade de esposo de Maria, aquelas de pai adotivo de Jesus e de chefe da Sagrada Família".

> São José ultrapassa em glória todos os santos e todos os anjos. Com efeito, "tendo, pois, o Senhor, desde a eternidade, predestinado São José à dignidade de esposo de Maria e de pai putativo de Jesus, dignidade que, em sua estima, o colocava imediatamente acima de todas as criaturas, concedeu-lhe [...] cumprir sua missão com toda a perfeição possível, elevando-o em graça passo a passo, até que atingisse o ápice dos méritos, fixado nos decretos divinos, e que lhe dava direito à coroa celeste que lhe era destinada. São José cumpriu perfeitamente tudo aquilo que havia sido decretado por Deus nesta ordem de idéias. Dessa forma, o lugar único que ele ocupa no Céu é, a um só tempo, um dom gratuito de Deus e o fruto de seus próprios méritos" (Cardeal Lépicier).
>
> São José possui no Céu a auréola da virgindade, num grau muito elevado (Idem).

A Paixão de Jesus e São José

"Quão abundantes não eram as lágrimas de Maria e José, tão bem instruídos nas Santas Escrituras, quando tratavam, em presença de Jesus, de sua dolorosa Paixão e de sua Morte! Com qual enternecimento não se diziam, entre eles, que seu querido Jesus seria, segundo a predição de Isaías, um homem de dores e de opróbrios; que seus inimigos o desfigurariam a tal ponto que não reconheceriam mais nele nenhum traço de sua beleza; que suas carnes seriam a tal ponto dilaceradas pelos chicotes que se pareceriam com aquelas de um leproso, todo coberto de chagas sangrentas; que seu Bem-Amado tudo sofreria com paciência, sem sequer abrir a boca para se queixar de tantos opróbrios, e que ele se deixaria conduzir como um cordeiro à morte; que enfim, pregado a um madeiro infame, em meio a dois ladrões, ele terminaria sua vida num excesso de tormentos" (Santo Afonso Maria de Ligório).

"Podemos afirmar, tal como o Cardeal Lépicier, que São José, por conta de sua união inseparável com Jesus e com Maria, participou, mais do que todos, depois da Santa Virgem, da Paixão do Cristo, cujas dores foram as maiores que uma criatura já tenha suportado. O oceano de amargor de Maria e de Jesus se refletia no coração de São José. E proporcionalmente a essa união existe, ademais, o maior conhecimento desse terrível mistério de dores que ocorreu na Quinta-feira Santa, seja pela revelação do anjo e a profecia de Simeão, seja pelas confidências íntimas de Jesus e os pressentimentos que o Espírito Santo soprava em sua alma. Por conta de sua aceitação voluntária em ser pai e senhor da família predestinada a ser instrumento de salvação do mundo (*causa salutis*), e também por conta de sua generosa disponibilidade em participar da cruz do Senhor — para satisfazer mais abundantemente a todos os homens —, a cooperação dolorosa de São José é a maior depois daquela de Maria. José é participante, com o Redentor e a Santíssima Virgem, da Redenção objetiva — e não somente aplicativa —, de modo que seu papel é incomparavelmente maior do que o dos outros santos" (Ferrer Arrellano).

O Cardeal Lépicier explica ainda porque Deus não quis que José assistisse à Paixão: "A missão confiada a São José tinha por finalidade cobrir, como com um véu, o mistério da Encarnação, para impedir os olhares indiscretos e zombadores de uma geração incrédula. A essa missão acrescentava-se o nobre e tão importante ofício de nutrir a divina criança, de defender Jesus e proteger sua vida, enfim, de conservá-lo com vistas ao grande sacrifício. Mas, chegado o tempo estabelecido por Deus em que o Salvador, por sua própria vontade, se encaminharia à morte, à morte de Cruz, essa missão de São José devia cessar. Era preciso então que o santo patriarca desaparecesse, deixando somente a Mãe de Jesus associada ao grande sacrifício — oferecendo, em nome do gênero humano, a divina vítima do Senhor. Assim, a missão de cooperar imediatamente com Jesus na obra de nossa Redenção deveria pertencer exclusivamente a essa mulher admirável que lhe havia dado nossa natureza. Era preciso pois que, no momento dessa tragédia solene, São José fosse afastado do palco da Redenção, deixando em primeiro plano as duas grandes causas de nossa salvação — causas perfeitamente subordinadas: o Cristo e sua Mãe".

CAPÍTULO II

São José na Bíblia

José anunciado no Antigo Testamento

A tipologia — do grego *typos*, "tipo", "figura" ou "imagem" — é a interpretação da Escritura que "descobre nas obras de Deus, na Antiga Aliança, prefigurações do que o mesmo Deus realizou na plenitude dos tempos, na pessoa de seu Filho encarnado" (*Catecismo da Igreja Católica*, nº 128).

1. É clássica a comparação entre o patriarca José, do Antigo Testamento, e José, esposo de Maria. Esse paralelismo é bastante claro em São Bernardo: "Lembrai-vos agora do patriarca de igual nome, que fora vendido no Egito; não somente ele tinha o mesmo nome, mas também a mesma castidade, a mesma inocência e graça. Com efeito, o José que fora vendido por seus irmãos que o odiavam e conduzido ao Egito, era a figura do Cristo que, também ele, deveria ser vendido; nosso José, de sua parte, para fugir da ira de Herodes, conduziu o Cristo até o Egito (Mt 2, 14). O primeiro, para permanecer fiel a seu mestre, recusou-se a dormir com a mulher desse mesmo mestre (Gn 39, 12); o segundo, reconhecendo sua mulher na mãe de seu Senhor, a Virgem Maria, observou também ele, fielmente, as leis da continência. A um fora dada a inteligência dos sonhos, a outro fora concedido ser confidente dos desígnios do Céu e com eles cooperar, através dos sonhos. Um estocara trigo não para ele, mas para seu povo; o outro recebera a guarda do pão do Céu, não somente para seu povo, mas também para ele.

Não se pode duvidar que este José, esposo da mãe do Salvador, tenha sido um homem bom e fiel, ou antes o próprio servidor fiel e prudente, que o Senhor dispôs ao lado de Maria para ser consolador de sua mãe, pai nutrício de seu corpo carnal e fiel cooperador em sua grande obra sobre a Terra. Acrescente-se a isso que ele era da casa de Davi, segundo o evangelista; é mostrado que ele descendia de fato dessa linhagem régia, do próprio sangue de Davi, esse José, homem nobre por sua nascença; mas mais nobre ainda por seu coração" (*Homilia* II *super Missus est*, 16).

2. Por conta de seu casamento com Maria, imagem da Igreja, José aparece, por sua vez, como imagem do Cristo.

3. Do Cristo, passa-se ao papa, seu vigário sobre a Terra.

4. José é também imagem de Deus Pai, artesão de todas as coisas, ou do Espírito Santificador.

5. José é ainda imagem da Igreja.

Abraão

Alguns não hesitam em compará-lo a Abraão, tal como Jesus é comparado a Isaac, com base no capítulo primeiro do Evangelho segundo São Mateus. Com efeito, assim como Abrão recebe a Palavra de Deus em uma visão, o anjo aparece a José em um sonho; o Senhor diz a Abrão que não tema, e o anjo diz o mesmo a José; Abrão se queixa junto ao Senhor por não ter filhos, e o termo *polumai* é retomado em Mateus 1, 19; Jesus, assim como Isaac, nasce de uma mulher "estéril", ainda que não se trate de uma "esterilidade" como aquela de Sara, mas de uma gravidez miraculosa em ambos os casos; o anúncio do anjo é idêntico: "dará à luz um filho, ao qual chamarás Isaac (Gn 17, 19), Jesus (Mt 1, 23)" (fonte: Richard J. Erickson).

Jacó

Patriarca do Antigo Testamento, Jacó é filho de Isaac e de Rebeca, irmão de Esaú e neto de Abraão. Ele recebe também o nome de Israel após seu combate contra um misterioso "homem", tradicionalmente associado a um anjo de Deus ou ao anjo Gabriel (Gn 32, 24–30). Alguns autores (Orígenes, Ambrósio) vêem nele uma imagem de José. Por exemplo, após ter obtido a promessa, para sua posteridade, da herança paterna, Jacó foge, seguindo o conselho de sua mãe, para a Mesopotâmia, preservando-se do ódio mortal de seu irmão. Assim, tendo São José recebido, para a divina criança, a promessa do Reino de Deus, ele foge para o Egito seguindo o conselho do anjo, para salvar Jesus da perseguição de Herodes.

Segundo o Cardeal Lépicier, "José, por conta da caridade que o inflamava, à qual corresponde o dom de sabedoria, fora revestido por Deus de um manto de glória. Ele recebeu, na Igreja, um poder soberano, com o cuidado de prover às necessidades dos fiéis. Assim, vemos nele verificada a profecia de Jacó: 'Eu te dou uma parte além daquela que te cabe como a teus irmãos', como se ele dissesse — explica Dionísio, o Cartuxo —, 'por conta das tuas distintas virtudes e pelos benefícios que fizeste a mim e aos meus, no tempo da fome, confio-te, a ti e não a teus irmãos, como dom especial, uma herança... em sinal do especial afeto que tenho por ti'" (*In hom. I in Genesis*).

José

Patriarca do Antigo Testamento, é o primeiro homem conhecido a portar esse nome, José. É um dos doze filhos de Jacó. A prece de sua mãe, Raquel, que esteve estéril por muito tempo, fora atendida, ao que ela chamou seu primeiro filho de José, quer dizer "dê-me o Senhor ainda outro filho!" (Gn 30, 24).

Sua história é narrada nos capítulos 37 a 48 do Livro do Gênesis. Vendido como escravo por seus irmãos que invejavam a preferência de que ele gozava junto ao pai, e levado até o Egito, José torna-se o homem mais poderoso do país, o primeiro-ministro do faraó. Ao ser informado por meio de um sonho que um longo período de fome estava por vir, José manda que se acumulem reservas de trigo. Quando o povo clama ao faraó por pão, este responde: "Ide a José (*ite ad Ioseph*, em latim), e fazei o que ele vos disser" (Gn 61, 55).

Os filhos de Jacó vêm até o Egito comprar pão. José acaba sendo reconhecido por eles. Ele os faz então trazer seu velho pai até o Egito, onde eles se instalam no país de Gessen.

O *Ite ad Ioseph* foi retomado pela devoção cristã, convidando todos a irem até São José, de quem nós recebemos Jesus, "pão vivo que desceu do Céu" (Jo 6, 51).

> A vida interior não é nada mais do que uma relação assídua e íntima com o Cristo para nos identificarmos com Ele. E José saberá nos dizer muitas coisas sobre Jesus! É por isso que não devemos nunca deixar de freqüentá-lo: *Ite ad Joseph*, como é repetido pela tradição cristã segundo uma frase do Antigo Testamento.
>
> Mestre da vida interior, trabalhador implacável, servidor fiel de Deus, em constante relação com Jesus, assim foi José. *Ite ad Joseph*. Com São José, o cristão aprende o que significa ser um homem de Deus e viver plenamente entre os homens, santificando o mundo. Ide a José, e encontrareis Jesus. Ide a José e encontrareis Maria, que sempre encheu de paz essa comovente oficina de Nazaré.
>
> — São Josemaría, *É Cristo que passa*

São Pedro Crisólogo (406–450), teólogo, conselheiro do Papa Leão I, doutor da Igreja, bispo de Ravena, é o primeiro a traçar um paralelo entre José, patriarca do Antigo Testamento, e São José. Segundo ele, ambos parecem confundir-se em um só personagem (*Sermão* 146). "Além do fato de o mesmo nome ter sido dado a ambos — o que não é coisa desprovida de significado —, vós conheceis perfeitamente as claras semelhanças que existem entre eles: a começar porque o primeiro José obtêve os favores e o particular apreço de seu mestre, e que, tendo sido designado por este último para a administração de sua casa, ocorreu que a prosperidade e a abundância afluíram, graças a José, na casa do mestre; esta outra, mais importante, a saber, que pela ordem do rei ele presidiu com grande poder o reino, e num período em que se dava escassez de frutos e alto preço dos alimentos, ele assegurou, com grande sabedoria, as necessidades dos egípcios e de seus vizinhos, de modo que o rei decretou que o chamassem Salvador do mundo. É assim que, nesse antigo patriarca, é permitido reconhecer a figura do novo. Tal como o primeiro trouxe prosperidade e abundância para seu mestre, prestando maravilhosos serviços a todo o reino, também assim o segundo, destinado a ser o guardião da religião cristã, deve ser visto como o protetor e defensor da Igreja, que é verdadeiramente a casa do Senhor e o Reino de Deus sobre a Terra. Muitas são, pois, as razões para que os homens de toda condição e de todos os países se confiem à fé e à guarda do bem-aventurado José" (Leão XIII, enc. *Quamquam pluries*).

São Bernardo de Claraval (1090–1153) estabeleceu, por sua vez, o seguinte paralelo: "Lembrai-vos desse grande patriarca que partira outrora para o Egito, de quem José herdou não somente o nome, mas a castidade, a inocência e as graças. O primeiro José, vendido por seus irmãos invejosos e conduzido até o Egito, prefigurara manifestamente o Cristo vendido por Judas; e é o segundo José que, fugindo da ira de Herodes, conduz o Cristo até o Egito. O primeiro, por fidelidade a seu mestre, rejeitara as investidas da mulher de seu senhor [Gn 39, 7–23], o segundo, também ele casto, respeitara a virgindade de sua esposa, mãe de seu Senhor. O primeiro recebera o dom de interpretação dos sonhos, e o segundo teve o privilégio de conhecer pelos sonhos os segredos do Céu e de deles conhecer a parte que lhe cabia. Um guardara grãos, não para ele próprio, mas para todo o povo; e o pão vivo vindo do Céu foi confiado ao outro, que o guardara para si próprio, mas também para o universo inteiro. Não há dúvidas, este José com quem se casara a Mãe do Salvador era um homem bom e fiel. Ele foi esse servidor seguro e esclarecido, de quem o Senhor fez o protetor de sua própria Mãe, o nutrício de seu próprio corpo, e o único auxiliar terrestre de sua grande obra" (*Homilia II super Missus est,* 16).

Blaise Pascal escreverá que Jesus Cristo é "prefigurado por José: bem-amado de seu pai, enviado pelo pai para ver seus irmãos, inocente, vendido por seus irmãos por vinte moedas de prata, e tornado senhor deles próprios graças a essa traição, salvador deles próprios, salvador dos estrangeiros, e salvador do mundo; nada disso poderia ter sido realizado em José sem que houvesse inicialmente, por parte de seus irmãos, o desígnio de perdê-lo, de vendê-lo e de reprová-lo. Na prisão, José inocente entre dois criminosos; Jesus Cristo na Cruz entre dois ladrões.

Ele prevê a salvação para um e a morte para outro, sob as mesmas aparências. Jesus Cristo salva os eleitos e condena os réprobos com base nos mesmos crimes. José não faz senão predizer; Jesus Cristo faz acontecer. José pede àquele que será salvo que se lembre dele quando este vier em sua glória; e o homem salvo por Jesus Cristo pede-lhe que o Cristo se lembre dele, quando ele estiver em seu Reino" (*Pensées* 767, trad. V. Giraud).

Moisés

"Moisés era um homem muito paciente, o mais paciente da Terra [...]. Meu servo Moisés [...] é fiel em toda a minha casa. A ele eu lhe falo face a face, manifesto-me a ele sem enigmas, e ele contempla o rosto do Senhor" (Nm 12, 3–8). As qualidades de paciência, fidelidade na guarda de algo que lhe fora confiado, e conhecimento das coisas sobrenaturais se encontram em São José, que recebera a grande graça de aprender diretamente com aquele que é "a Verdade" (Jo 14, 6).

"Moisés, dando mais um símbolo daquilo que deveria se cumprir, lançou ao chão o cajado, para que, tomando vida, encarnando-se, confundisse e destruísse toda a malícia dos egípcios que resistissem ao plano divino, e para fazer com que os próprios egípcios confessassem que era o 'dedo de Deus' e não o 'filho de José' que operava a salvação de seu povo. Se, com efeito, o Cristo fosse filho de José, como poderia ele ter sido 'maior que Salomão', ou 'que Jonas', ou 'que Davi', tendo sido engendrado com a mesma semente que eles, e advindo como filho deles? E por que teria ele declarado Pedro 'feliz' por ter compreendido que Jesus era 'o Filho de Deus vivo'?" (Santo Irineu, *Adversus haereses,* III, 21, 8).

Davi

A humildade de Davi é digna de nota, sua justiça é elogiada pelo próprio Espírito Santo: "Achei Davi, filho de Jessé, homem segundo o meu coração, que fará todas as minhas vontades" (At 13, 22). Também é notável sua glória, por ter como filho o mui sábio rei Salomão. Ora essas mesmas condições são encontradas também em José, patrono da vida oculta, cumprindo aquilo que Deus lhe pedia, e tornado pai do Rei do universo, do criador de todas as coisas.

José e os pobres do Senhor

No Antigo Testamento vemos surgir, pouco a pouco, o "pequeno resto de Israel", resto pequeno e pobre, humilde e modesto, que subsiste entre as provações de Israel, vividas como espécies de purificações sucessivas. Sofonias proclama, em nome do Senhor: "Deixarei subsistir no meio de ti um povo humilde e modesto, que porá sua confiança no nome do Senhor. Os que restarem de Israel se absterão do mal, e não proferirão a mentira; não se achará mais em sua boca língua enganosa" (Sf 3, 12–13).

Os pobres do Senhor formam uma comunidade — não estruturada, é preciso dizer, mas cujos membros "compartilham uma mesma atitude interior feita de humildade, de abertura a Deus e de espera da salvação. Eles podem pertencer a diferentes classes sociais, mas são geralmente de origem modesta".

No Novo Testamento, podemos identificar um núcleo de pobres do Senhor, por oposição aos saduceus, aos fariseus e aos zelotes, e "Maria, José, Isabel, Zacarias, Ana, Simeão pertencem a esse grupo de pobres do Senhor. Eles são como a fina flor de Israel, aqueles em quem se concentra toda a espera de seu povo, com quem o Messias virá habitar. E o *Magnificat* é, como se diz, o canto por excelência dos pobres, aquele que exprime sua esperança" (Pierre Robert).

João Batista e São José

"Entre os filhos das mulheres, não surgiu outro maior que João Batista", e "No entanto, o menor no Reino dos Céus é maior do que ele" (Mt 11, 11).

"O Reino é o Novo Testamento. São João, 'o maior' do Antigo, ficou à porta no Novo. São José é, com Maria, o primeiro a pertencer ao Reino" (Mons. Cristiani). São João Batista não teve o privilégio de dividir a existência de Jesus e de Maria. José não viu o Salvador de longe, o "Cordeiro de Deus" como o designa João Batista a seus discípulos (Jo 1, 36), mas o carregou em seus braços e se ocupou dele em todas as coisas.

Os apóstolos e São José

Na ordem da predestinação (ver cap. 1), São José supera os apóstolos. O Cardeal Lépicier o explica da seguinte forma: "Ainda que na hierarquia da Igreja militante, os apóstolos, com vistas à missão de estabelecer e governar a Igreja de Jesus Cristo, tenham recebido dons gratuitos superiores àqueles de São José, cuja missão tinha um caráter mais humilde e mais escondido, ainda assim a missão do santo patriarca de velar sobre a vida do Fundador da Igreja, nutri-lo e defendê-lo, investe-se de uma importância maior do que aquela de governar a Igreja e anunciar o Evangelho".

Bossuet aponta as diferenças entre a missão de José e aquela dos apóstolos: "Dentre todas as vocações, observo duas delas, nas Escrituras, que parecem ser diretamente opostas: a primeira é a dos apóstolos; a segunda, a de José. Jesus é revelado aos apóstolos, Jesus é revelado a José, mas em condições contrárias. Ele é revelado aos apóstolos para que o anunciem a todo o universo; ele é revelado a José para que o cale e o esconda. Os apóstolos são luzes para que o mundo veja Jesus; José é um véu para cobri-lo: e sob este véu misterioso se nos é escondida a virgindade de Maria, e a grandeza do Salvador das almas" (*1º Panegírico de São José*, 3).

São José e os anjos

Predestinado por Deus a um estado de vida que lhe permitia um constante progresso na graça divina, São José não apenas tornou-se digno de ser escolhido como esposo da Mãe do Salvador, mas também de gozar, mais do que qualquer outro santo, de um comércio íntimo com o Verbo encarnado, produzindo assim, sem cessar, novos atos de caridade.

Podemos concluir, como escreve o Cardeal Lépicier, "que o santo patriarca fora predestinado a um tal grau de glória, que lhe ficou reservado aquele lugar deixado vago pelo primeiro dentre os anjos rebeldes, ou seja, por Lúcifer. Com isso ele ocupa, na glória, a posição mais elevada na ordem dos serafins. E como o primeiro dentre os anjos prevaricadores induzira, por seu exemplo e suas exortações, os outros ao mesmo gesto de revolta, também São José fora predestinado a essa glória incomparável, a fim de ajudar eficazmente, por seu exemplo e seu patronato, os homens chamados à beatitude eterna. E é por essa razão que o santo patriarca foi solenemente declarado patrono da Igreja Universal".

Você sabia?

José e Joana

Foi traçado um paralelo entre Joana d'Arc, patrona secundária da França, e São José. P. Benoisey escreve, a esse respeito: "Oh, é bem verdade que há muitas diferenças entre eles: diferenças de natureza, raça, religião, de época...! Mas, também, quantas semelhanças! Com efeito, e antes de tudo, ambos têm a mesma origem modesta. Sem dúvida, São José é de raça régia, e a Igreja o honra como ilustre descendente de Davi. Mas sua família decaiu de sua antiga grandeza e José, modesto carpinteiro, é obrigado a ganhar seu pão com o suor de seu rosto. Santa Joana d'Arc não tem, absolutamente, uma condição mais nobre. Filha de agricultores, seu tempo se divide entre o trabalho no campo, a guarda do gado e as ocupações do lar. Deus se compraz em elevar os humildes e em buscar seus auxiliares entre os mais frágeis. É por isso que ele escolheu São José e Santa Joana d'Arc. Pois, ainda que as ocupações de ambos sejam mui ordinárias, eles as elevam e as santificam pela oração, pela oferta a Deus, pela prática da caridade para com os infelizes e deserdados. Santos eles já são, portanto, e a santidade de sua existência atrai sobre eles o olhar de Deus [...].

Mais uma similaridade entre eles: é pelo ministério de seus anjos que Deus os encarrega de uma missão. A José, o Senhor envia um anjo trazendo a seguinte mensagem: 'José, filho de Davi, não temas receber Maria por esposa, pois o que nela foi concebido vem do Espírito Santo'. Para Joana, Deus delega o Arcanjo São Miguel: 'O reino de França sofre. Vai, filha de Deus, vai salvar a França'. Ambos, é claro, conscientes de suas incapacidades, evitam empreender a missão confiada por Deus. 'Eu não passo de uma simples menina...', protesta Joana, mas o arcanjo a tranqüiliza e lhe promete a proteção de Santa Catarina e de Santa Margarida. Para José, intimidado com a idéia de tornar-se esposo da mãe de seu Deus e chefe de seu próprio Deus, o anjo responde simplesmente: 'Não temas'.

Ora, que missões são estas? Para São José, trata-se de assegurar as condições da existência humana do Menino Jesus, a proteção e a defesa contra Herodes d'Aquele que será o Salvador dos homens. Quanto a Joana, ela recebe a missão de salvar o rei da França — que naquele momento era um pobre rei de Burges — e, salvando-o, salvar a França, filha primogênita da Igreja, do jugo da Inglaterra herética. Então, para cumprir sua missão, Joana deixa seu vilarejo e parte para longe dos seus, lutando, penando, sofrendo. José se imporá os mesmos sacrifícios: deixará Nazaré, sua oficina, seus pais, para ir até Belém primeiramente, em seguida até o Egito com Maria e o Menino. Há ainda uma última semelhança entre eles, que é sua admirável castidade. São José permanece puro, e só se torna esposo de Maria para ser guardião de sua virgindade. Santa Joana d'Arc pratica a virtude de castidade de modo heróico, em Domrémy, em meio a seus jovens companheiros e companheiras, nas estradas e nos campos de batalha, em meio aos soldados impudicos e grosseiros que a circundam e que jamais ousarão, nem um só deles, faltar-lhe com respeito. Mas quais não são as precauções de que ela deve se armar para garantir esse respeito! Tão semelhantes em suas vidas, os destinos de São José e Santa Joana d'Arc continuam a se assemelhar após suas mortes. José é logo coberto por um espesso manto de esquecimento. Nem o

Evangelho e nem a tradição falarão mais dele. É preciso esperar o século XV para que se comece a honrá-lo. [...] E a memória de Santa Joana d'Arc conhece o mesmo destino".

Claude Quinard estabelece o seguinte paralelo: "O dia do Templo, aquele dia do ramo florido [que vira José ser escolhido como esposo de Maria] fora para José uma ronda de trevas. E, foi nessa luta, na sua fidelidade ao bem, no sofrer de tudo com que ele rompia voluntariamente, na sua renúncia à vida das paixões que o privilégio de Deus descera sobre ele. Vista desse modo, quão alta se mostra a figura de José, quão distante das imagens tíbias, das palavras tímidas! A epopéia de Joana, a Lorena, que nos é tão popular, não é mais comovente do que aquela de José, e as vozes que falam à jovenzinha se aproximam daquele anjo recebido em sonho pelo patriarca".

CAPÍTULO III

São José nos escritos apócrifos

A palavra "apócrifo" vem do grego apo, "distante", e kryptô, "esconder". Ela se aplica a todo escrito no qual a Igreja não reconhece a inspiração divina, excluindo-o assim da lista dos livros canônicos do Antigo e do Novo Testamento. Citamos aqui aqueles escritos apócrifos onde José é evocado de uma ou outra forma.

O proto-evangelho de Tiago

O mais antigo dos escritos apócrifos conhecidos, redigido em grego por volta de 130–140, foi integralmente conservado. Ele mostra o interesse da piedade popular pela pessoa de Maria e a tendência a atribuir-lhe uma vida consagrada a Deus e santa já desde a primeira infância. Nele encontramos uma vida da Santa Virgem até a Anunciação, uma narrativa atribuída a São José da Natividade de Jesus e da adoração dos magos, um relato do massacre dos Santos Inocentes e do assassinato de Zacarias. Ele enfatiza a virgindade de Maria e sua educação, que se poderia qualificar *a posteriori* como sendo "quase monástica". Ele utiliza elementos do século II.

Aos doze anos, Maria deixa o Templo ("para que não manchasse o santuário"). Ela é confiada a José, o carpinteiro, pois é de seu bastão que saiu uma pomba. José é viúvo: "Tenho filhos, e estou velho...". Tendo tomado "a Virgem sob sua proteção", José parte para trabalhar em suas construções, enquanto Maria tece um véu para o Templo.

Os capítulos 14 a 16 descrevem o espanto de São José ao ver Maria grávida. Ele é acusado de ter violado seus deveres matrimoniais. Ambos são submetidos a uma julgamento no qual é provada sua inocência. José parte ao trabalho. Quanto a Maria, "ela permaneceu três meses na casa de Isabel. E a cada dia seu ventre se abaulava. Preocupada, ela voltou para sua casa e se escondia dos filhos de Israel. Ela tinha dezesseis anos quando se cumpriram esses mistérios".

Chegado seu sexto mês, eis que "José retornou de suas obras e, ao chegar em casa, percebeu que ela estava grávida. Então bateu em seu próprio rosto e atirou-se no chão, sobre uma manta, chorando amargamente: 'Como me apresentarei ao Senhor? Como orarei por esta menina que recebi virgem do Templo do Senhor e que não soube vigiar? Acaso o que ocorreu com Adão ocorreu também comigo? Pois enquanto Adão orava veio a serpente e, vendo Eva sozinha, a enganou... Teria o mesmo ocorrido comigo?'. Então José se levantou e chamou Maria. Disse-lhe: 'O que fizeste, tu que eras a predileta de Deus? Como tiveste coragem de fazer isso? Esqueceste do teu Deus? Como manchaste a tua alma, tu que foste criada no Santo dos Santos, recebendo o sustento das mãos do anjo?'.

Ela chorou amargamente e disse: 'Permaneço pura pois não conheço varão'. Respondeu José: 'Então de onde vem o que carregas em teu seio?'. Respondeu Maria: 'Juro pelo Senhor, meu Deus, que não sei como isto se sucedeu'. Então José ficou muito preocupado e deixou Maria, pensando o que deveria fazer com ela. Disse para si mesmo: 'Se omito o seu erro, estarei contra a Lei do Senhor... Se a denuncio ao povo de Israel e o que lhe aconteceu foi devido à intervenção de anjos, estarei condenando uma inocente à morte. O que farei? Irei mandá-la embora às escondidas...'. E logo veio a noite. Mas um anjo do Senhor apareceu-lhe em sonho e disse-lhe: 'Não se preocupe com esta menina. O que ela traz em seu ventre é devido ao Espírito Santo. Ela dará à luz um filho e colocar-lhe-ás o nome de Jesus, porque ele salvará seu povo do pecado'. Levantando-se, José glorificou ao Deus de Israel por conceder tamanha graça e continuou com Maria. Entretanto, Anás, o escriba, veio até sua casa e lhe disse: 'Por que deixaste de comparecer à reunião?'. Respondeu José: 'Estava exausto da viagem e resolvi descansar o primeiro dia'. Virando-se, Anás percebeu a gravidez de Maria".

A segunda parte se inicia com o édito de Augusto, o estatuto ambíguo de Maria — José se pergunta: como farei para inscrevê-la?

Enquanto esposa? Enquanto filha? — e uma visão que se apresenta diante de Maria. A Santíssima Virgem, ora aos prantos, ora sorrindo, se confia a José quando eles estão a caminho de Belém, na Judéia: "Vejo diante de meus olhos dois povos, um que chora e se lamenta, outro que se regozija e exulta". No meio do caminho — o lugar está deserto —, Maria sente que aquilo que ela traz consigo "anseia por vir à luz". José a conduz até uma gruta, deixa-a "com seus filhos" e vai em busca de uma parteira. Seguem-se então a visão e o relato de José sobre a suspensão do tempo, o silêncio da natureza e a imobilidade de tudo quanto vive, anunciando o nascimento do Messias.

Os atos de Tomé

Esse escrito apócrifo, oriundo de uma matriz gnóstica (Bardesan), é famoso por seus hinos litúrgicos. No *Hino ao Liberador* (143, 3), o Cristo é saudado como aquele "que vem das alturas, que surgiu por Maria a Virgem e é chamado filho de José, o carpinteiro".

O evangelho do pseudo-Tomé

Esse apócrifo, rico em revisões e cotejamentos em grego, latim, georgiano, eslavo e armênio, remontaria a uma fonte siríaca anterior ao ano 400. Fundido no proto-evangelho de Tiago, ele inspirou romances sobre a infância, ainda mais pródigos em maravilhas, dentre os quais o livro armênio da infância e o evangelho árabe da infância. Nele muitas páginas são dedicadas à vida da Santa Virgem. O papel de José nesse relato é importante, mas ingrato. Jesus é descrito como um menino cheio de caprichos e malvado. Eis aqui um excerto: "Jesus passeava no vilarejo, quando uma criança que corria bateu em seu ombro. Irritado, Jesus lhe diz: 'Tu não continuarás teu caminho'. No mesmo instante, a criança caiu morta. Tendo visto isso, alguns exclamaram: 'Donde vem esse menino, cujas palavras tornam-se imediatamente realidade?'. Os pais do jovem morto foram se queixar com José: 'Com um filho desses, tu não deves mais ficar conosco, no vilarejo, ou então ensina-o a bendizer, ao invés de maldizer. Pois ele faz com que nossas crianças morram'. José tomou seu filho à parte e o admoestou: 'Que é que tu tens? Essas pessoas sofrem, eles nos detestam e querem nos expulsar daqui!'. Jesus respondeu: 'Sei que as palavras que dizes não vêm de ti; assim, em consideração por tua pessoa, me calarei. Mas eles receberão o devido castigo'. No mesmo instante, os querelantes ficaram cegos".

A *História de José, o carpinteiro*

Texto apócrifo redigido com fins de edificação, ele concede muitas páginas à vida da Mãe de Jesus, seguindo sempre com bastante fidelidade os relatos evangélicos. Ele se inicia assim: "Este é [o relato] da morte de nosso pai São José, o carpinteiro, pai do Cristo segundo a carne, o qual viveu cento e onze anos. Nosso Salvador contou aos apóstolos toda sua biografia, no monte das Oliveiras. Os próprios apóstolos escreveram essas palavras e as depositaram na biblioteca de Jerusalém. O santo ancião abandonou seu corpo no dia 26 do mês de *epiphi* [entre o dia 25 de junho e 24 de julho]".

Redigido provavelmente no século v, esse escrito foi conservado em sua integralidade. Jesus discorre sobre o primeiro casamento de José, que lhe dera quatro meninos — Judas e Josetos, Tiago e Simão — e duas meninas, Lísia e Lídia. Quando José tomou Maria em sua casa, ela "ali encontrou o menino Tiago, triste por ser órfão, e passou a cuidar dele. Por essa razão ela foi chamada Maria, mãe de Tiago". Jesus não pôde conter suas lágrimas diante da visão de José às portas da morte. "Eu não pude conter as lágrimas quando meu pai José me dizia essas coisas, e chorei ao ver que a morte o dominava, e ao ouvir as palavras de angústia que ele proferia". "Eu mesmo, ó meus amigos, sentei-me à sua cabeceira. [...] Ele ergueu os olhos para o alto e soltou um grande gemido. [...] Quando minha mãe querida me viu tocar seu corpo, ela também apalpou-lhe os pés. Ela percebeu que a respiração e o calor o haviam deixado. Eu mesmo, e Maria, a virgem, minha mãe, ambos choramos com eles [os filhos de José], pois o momento da morte havia chegado".

Ao comentar a morte de seu pai nutrício, Jesus diz que "o total de dias da vida de meu pai José, o ancião bendito, foi de cento e onze anos, segundo a ordem de meu bom Pai" (fonte: J. Desserre).

A ascensão de Isaías

Escrito do final do séc. I, visando explicar a virgindade de Maria e sua pureza. "Então eu vi uma mulher da linhagem do profeta Davi, chamada Maria; ela era virgem e noiva de um homem chamado José, carpinteiro de profissão, também ele descendente de Davi o justo, de Belém, na Judéia. E ocorreu que, desejoso de ter um herdeiro de sua noiva, ele a encontra grávida". José quer repudiá-la, mas o anjo do Espírito lhe aparece. Faltavam-lhe menos de dois meses. E, ao cabo desse período, José estava em sua casa com Maria.

Eles estavam sós, e eis que, então, Maria ergue os olhos e percebe um bebê; ela ficou tomada de espanto. Após esse espanto, ela se encontrou exatamente como antes de sua gravidez. Quando José, seu esposo, lhe perguntou por que ela estava espantada, abrindo os olhos, estupefato, ele percebeu a presença da criança. Então ele louvou o Senhor, pois o Senhor tornara-se sua herança (11, 2–15).

A carta dos apóstolos

Epistola Apostolorum, de 160–170. Documento que desenvolve, sob forma de diálogo, um ensinamento que vai desde a pré-existência à parusia, passando pela Encarnação. A epístola se inicia com uma profissão de fé, na qual os apóstolos testemunham que Jesus "é a Palavra que se tornou carne, de Maria Virgem Santa em seus sofrimentos, concebido do Espírito Santo". Nascido da vontade de Deus e não pela concupiscência da carne, "ele foi envolto em suas faixas em Belém", foi educado e cresceu. Ele foi enviado à "escola por José e Maria, sua mãe".

É feita menção também às núpcias de Caná, às quais ele é convidado "com sua mãe e seus irmãos". Contudo, o milagre se operará sem a intervenção de sua mãe. A mãe estará também ausente na manhã de Páscoa. Mais adiante, o Cristo retoma alguns elementos da profissão de fé de seus discípulos.

O evangelho árabe da infância

Ele se inspira no proto-evangelho de Tiago, no evangelho do pseudo-Tomé e na *História de José, o carpinteiro*.

Os trechos tratando da infância propriamente dita (1–10) nos mostram uma Virgem Maria atenta e ativa. É ela quem diz a José que o parto se aproxima, que as dores não lhe permitem mais seguir viagem e que propõe que eles entrem na gruta (2). Ela agradece aos magos, dando-lhes de presente uma das faixas em que a criança estava envolta. Eles aí reconhecerão uma "coisa divina" (6).

Segue-se o relato da estada da Sagrada Família no Egito, após o que lemos o relato de curas miraculosas operadas no mais das vezes por Jesus (cap. 11–33).

O evangelho do pseudo-Mateus

Também chamado de "Livro do nascimento da bem-aventurada Maria e da infância do Salvador". De autor desconhecido, também ele se inspira do proto-evangelho de Tiago e do evangelho do pseudo-Tomé.

O prólogo pretende que este evangelho teria sido escrito pelo "bem-aventurado Padre Jerônimo", para relatar a verdade contra certos livros apócrifos repletos de heresias. Mas em diversos manuscritos esse mesmo prólogo afirma que o autor é

"Tiago, filho de José", o que contradiz o início, mas prova que o texto latino depende do proto-evangelho de Tiago. Nele é dito que José tem netos e que as autoridades do Templo lhe confiam não apenas Maria, mas "cinco outras jovens donzelas que deviam estar com ela na casa de José" (8, 4–5). Essas jovens donzelas são testemunhas da castidade de Maria.

Dois dias após a Natividade, Maria deixou a gruta, "entrou em um estábulo e instalou a criança em um presépio" (14), onde a criança encontrará seus fiéis companheiros, a vaca e o burrinho. A fuga para o Egito (cap. 18–24) é descrita de forma intensa, com fatos maravilhosos, e quer mostrar a divindade e a grande humanidade do Menino Jesus. Quando Maria se queixa do calor, José a instala sob uma palmeira. Maria lamenta não poder colher seus frutos, e José responde que ele está mais preocupado com a falta d'água. Jesus ordena então que a palmeira se curve à altura de Maria e faz correr água das raízes da árvore...

Os evangelhos latinos da infância

Esses escritos apócrifos, datados de 500–800, seguem a trama habitual dos Evangelhos canônicos da infância e se inspiram em grande medida no proto-evangelho de Tiago. Eles se iniciam com a apresentação dos pais de Maria (1–15) e concluem com o assassinato de Zacarias (99–101) e a chegada do profeta João no deserto (102).

Encontramos no relato do nascimento (59–60; 62–67), no dos pastores (81–85) e no dos magos (89–95) uma tendência legendária bastante acentuada. O nascimento do Cristo, relatado pela parteira, assemelha-se a uma epifania de luz.

O livro da natividade de Maria

Essa obra, do final do séc. IX, é tida como um excerto do evangelho do pseudo-Mateus, com empréstimos do proto-evangelho de Tiago, inspirando-se também dos relatos da infância de Mateus e de Lucas. Ele desenvolve abundantemente o episódio do milagre do bastão de José.

Maria, só, sem união com um homem, virgem, engendrará um filho; serva, ela engendrará o Senhor; eminente, por seu nome e por sua obra, ela engendrará o Salvador do mundo (4, 2–4). Ademais, o nascimento de Jesus será puro e sem pecado. O anjo Gabriel é enviado a Maria para lhe comunicar a concepção do Senhor e expor-lhe o desdobramento ou a maneira como isso se dará: "Não penses, Maria, que tu conceberás de maneira humana; com efeito, é sem união com homem que, virgem, tu conceberás, virgem tu darás à luz, virgem tu amamentarás".

A história médio-oriental de Isidoro

Aqui lemos que Jesus, ao contar para seus discípulos como ele se comportava com seu pai nutrício, lhes confiara: "Eu agia em tudo, para com ele, como se fora seu filho. Eu o chamava de pai; eu me submetia a tudo o que ele me pedia, e eu o amava tanto e mais do que a pupila de meus olhos".

O pseudo-Boaventura (séc. XIII)

Este nome é dado a diversos autores não identificados de obras atribuídas a São Boaventura. O autor das *Meditações sobre a vida do Cristo*, ou *Espelho da vida sagrada de Jesus Cristo*, obra surgida no final do século XIII ou início do XIV, influenciada por São Francisco de Assis, costura os escritos apócrifos, afastando aquilo que eles possam conter de fantasioso, e tenta imaginar quais poderiam ser as ocupações de José junto a Jesus e Maria.

"Em seu décimo quarto ano, a bem-aventurada Virgem Maria desposou José por uma inspiração divina" (cap. 3). A respeito da Visitação a Isabel, o texto afirma que Maria foi acompanhada por José, seu esposo, desde Nazaré até a morada de Isabel.

Esse documento explica a missão de São José nos seguintes termos: "Se, inicialmente, vós perguntais por que o Senhor quis que sua mãe tivesse um esposo, dado que ele havia decretado que ela permaneceria para sempre virgem, três são as respostas: primeiro, a fim de que sua gestação não a cobrisse de infâmia aos olhos do mundo; em segundo lugar, a fim de que ela pudesse gozar da sociedade e da proteção de um esposo, e enfim, a fim de que o nascimento do Filho de Deus fosse ocultado do demônio" (*Meditações sobre a vida do Cristo* 6).

Ao perceber que sua esposa está grávida, José é tomado pela dúvida: "Quando Nossa Senhora e José, seu esposo, viviam juntos e o menino crescia nas entranhas de sua mãe, José tendo reconhecido que Maria estava grávida, lamentou pesarosamente. José olhava para sua esposa; freqüentemente ele se afligia e se perturbava. Ele lhe mostrava um semblante lamentoso, e dela desviava os olhos, como se ela fosse culpada. Na verdade, ele suspeitava que houvesse ocorrido um adultério.

Assim José pretendia repudiá-la secretamente" (cap. 6). Tendo sido tranqüilizado pelo anjo, ele envolve sua esposa "com sua casta afeição, com mais ternura do que se poderia explicar". Ele tem para com ela infinitos cuidados. Nossa Senhora permanece a seu lado, na mais doce confiança. Ambos vivem na alegria de sua pobreza (cap. 7). Isso porque, com efeito, em Belém eles são "obrigados a se retirar numa espécie de caverna onde a gente ia se abrigar. Ali, José, que era mestre carpinteiro, produziu ao que parece uma espécie de cerca" (Ibid.).

Essas *Meditações* originaram todo um movimento de literatura piedosa, de que Ludolfo, o Cartuxo, será o principal representante.

João de Caulibus, um franciscano do séc. XV, também ele chamado de pseudo-Boaventura, dá, em suas *Meditationes vitae Christi*, três razões para o casamento de Maria e José: "1º A fim de que, estando grávida, sua reputação não estivesse vulnerável a nenhuma difamação; 2º A fim de que ela pudesse ser auxiliada pelos serviços desse esposo e de que ele lhe servisse em sociedade; 3º Para que a Encarnação do Filho de Deus permanecesse ignorada do demônio".

Pseudo-Orígenes

Esse autor desconhecido, identificado por alguns como sendo Gregório de Elvira ou Adamâncio, do século IV, profere uma homilia para a vigília da Natividade, na qual propõe que a razão para José ter repudiado Maria seria a consciência de que ele era indigno de se aproximar do mistério divino — uma manifestação de humildade, pois. O autor recusa-se a aceitar que José tenha podido suspeitar de um adultério por parte de Maria, como o pensava um Crisóstomo ou um Agostinho.

Você sabia?

O Islã e São José

Dado que ela se inspira dos escritos apócrifos, digamos aqui algumas palavras quanto à concepção islâmica de José e Maria.

Maria ocupa um lugar considerável no Islã. O Corão, para os muçulmanos, é um texto milagroso proveniente diretamente de Deus por intermédio do anjo revelador. A mensagem relativa a Maria se assemelha aos escritos apócrifos, particularmente àqueles da infância, o proto-evangelho de Tiago, o livro da natividade de Maria, o evangelho do pseudo-Mateus, a História de José, o carpinteiro, o evangelho árabe da infância, mas sem qualquer referência aos Evangelhos canônicos.

No Corão, a ação de José na vida de Maria passa sob o silêncio. No entanto a tradição muçulmana conhece José e suas relações com a Virgem. Ela o apresenta como seu companheiro de devoção no Templo. É mais tarde, após um contato com os Evangelhos canônicos e apócrifos, que grandes historiadores como Ibn Khaldun evocam "José, o carpinteiro", a "reunião dos filhos de Aarão", a pomba que sai, segundo a lenda, do bastão de José, e a responsabilidade assumida por este último ao vislumbrar na Virgem Maria "um semblante de esposa" (chibh zaoujah). Ao perceber que se dera a Anunciação, José teme ser falsamente acusado pelos sacerdotes — eles lhe haviam confiado Maria para que esta fosse "como sua esposa" e não para que se o tornasse de fato. Não é possível encontrar no Corão uma só linha dessa insinuação trazida por Ibn Khaldun. José não foi objeto de nenhuma suspeita: em contrapartida, Zacarias foi acusado e teve de fugir. José, após um drama de consciência, tomou Maria consigo e a conduziu até o Egito.

Maria é, portanto, uma "mulher que tem sua virgindade preservada" (21, 91; 66, 12), mostrada aos fiéis como exemplo daqueles que acreditaram na palavra do Senhor (66, 12). Ela é "uma das quatro melhores mulheres" que jamais tenham existido, com Aïcha, Khadija e Fátima. Na realidade, encontramos no Corão um decalque do proto-evangelho de Tiago: Maria é conduzida até o Templo aos três anos e posta sob a autoridade do sacerdote Zacarias. Um monge carpinteiro, chamado José, encarrega-se de garantir seu sustento e vive com ela "como se eles já estivessem casados", de forma honrada e boa. Ora, Maria fica grávida. "Isso vem do Senhor. Ele dá sem contar, segundo seus desígnios", diz ela a Zacarias. José aceita a vontade de Deus e conduz Maria ao Egito. A seguir temos os episódios da apresentação no Templo, do reencontro de Jesus aos doze anos, do milagre de Caná. Mas Jesus não foi crucificado: ele escapou das perseguições dos judeus (os quais são alvo de comentários muito severos) e foi alçado ao Céu.

Os prodígios que envolvem a concepção, o nascimento e a infância de Maria consistem em uma preparação distante para a missão que Deus lhe reserva. A tradição muçulmana admitirá que houve uma preparação baseando-se em textos do Corão. Assim, Maria, indo buscar água no poço com José, dá com anjos que vieram até ela e disseram: "Ó Maria, Deus te purificou e te elegeu acima das mulheres do mundo" (3, 41). A Virgem, ao sair para buscar água na caverna da fonte, teria visto aparecer um mensageiro; em uma outra versão, Maria se teria afastado para se purificar e o anjo lhe teria surgido após suas abluções. O anjo lhe apareceu sob forma humana: alguns afirmam que ele teria tomado o aspecto de José. Trata-se de ninguém menos do que Gabriel, a quem o Islã atribui um papel considerável na história religiosa dos homens. Essa aparição se produziu no momento em que Maria, saindo da grande purificação, retomou suas vestes.

Quanto à Natividade, o Corão revela alguns traços raros: retirando-se rumo ao Leste, Maria é invadida pelas dores do parto ao pé de uma palmeira. Ela é tomada por uma angústia que lhe faz desejar a morte. Deus lhe oferece então uma consolação sensível e milagrosa, dirigindo-lhe a palavra por meio do anjo — ou de Jesus, dependendo das opiniões —, que lhe ordena que sacuda o tronco da palmeira para que faça cair tâmaras. Ele faz também correr uma fonte d'água perto dela e convida Maria a regozijar-se e a manter o silêncio diante dos homens. Esses acontecimentos são comentados e amplificados pelos exegetas. Eles parecem, no entanto, privilegiar o relato em que Maria, advertida por Deus, que lhe fez antever a perseguição por seus próprios familiares, é conduzida sobre um burrinho por José até o Egito: a criança nasceria dentro da manjedoura de um burrinho. Mas essa tradição, mergulhada em uma grande variedade de relatos, não conseguiu se impor. Os comentadores não se questionam quanto ao nascimento milagroso do Cristo. Uma opinião, mais popular do que teológica, pretende que seu nascimento se tenha passado segundo o modo ordinário. Temos um vestígio dessa tese na Espanha, por ocasião de uma discussão entre Santo Inácio e um mouro; o santo quis persegui-lo e matá-lo, pois ele não admitia a virgindade in partu.

O acontecimento mais importante na vida de Maria após a Natividade, para os muçulmanos, é aquele em que seu Filho recém-nascido dá testemunho da inocência de sua mãe, "falando já no berço". Maria teria permanecido, segundo os comentadores, quarenta dias em uma gruta, após o nascimento de Jesus, sob a guarda de José. Para outros, ela teria reencontrado seus familiares: foi diante deles que Jesus "falou em seu berço", para inocentar sua mãe de toda acusação; o berço, dizem os exegetas, são os braços de Maria, pois esta não dispunha nem de morada nem de leito que pudesse oferecer a seu filho.

CAPÍTULO IV

São José segundo os papas

Excertos de comentários dos Pontífices sobre São José

Sirício de Roma (Santo, 320–399)

Sirício foi papa de 384 até sua morte. Ele escreve, em 392, a Anísio de Tessalônica: "É inegável que Vossa Santidade fez muito bem ao condenar a doutrina sobre os filhos de Maria, e que é coisa muito bem fundada condenar a idéia de que, de um mesmo seio virginal do qual o Cristo nascera segundo a carne, uma outra criança possa ter nascido. Jamais o Senhor teria escolhido nascer de uma virgem, se tivesse estimado que ela seria a tal ponto incontinente que mancharia, pela semente de uma união humana, esse recinto do qual nasceria o corpo do Salvador, esse palácio do Rei eterno. Quem afirma tal coisa não faz senão disseminar a incredulidade dos judeus, que dizem que Jesus não pode ter nascido de uma virgem. Ao aceitarmos a opinião de seus sacerdotes, segundo a qual Maria parece ter tido diversos filhos, esforçamo-nos com o maior zelo para destruir a verdade da fé".

Sisto IV

Papa de 1471 a 1484, ele insere, em 1476, a festa de São José no Breviário Romano, no dia 19 de março.

Inocêncio VIII

Papa de 1484 a 1492, ele eleva o Ofício de São José ao rito duplo em 1486.

Gregório XV

Em resposta ao pedido de Isidoro de Isolanis, Alessandro Ludovisi, papa de 1621 a 1623, estende a festa de São José a todo o universo católico, tornando-a obrigatória a partir de 8 de maio de 1621. Mas o decreto não será aplicado em toda parte fora da Itália.

Urbano VIII

Maffeo Barberini, papa de 1623 a 1644, renova em 1642 a decisão de Gregório XV de tornar a festa de São José obrigatória.

Clemente X

Papa de 1670 a 1676, Emilio Alteri eleva a festa de São José ao rito de segunda classe, em 1670.

Inocêncio XI

O Papa Odelscachi, que reinou de 1676 a 1689, responde favoravelmente às petições do Carmelo, pedindo que fosse estabelecido o patronato de São José sobre a Ordem dos Carmelitas. Ele lhes concede um ofício litúrgico próprio, celebrado no 3º domingo de Páscoa.

Clemente XI

Papa de 1700 a 1721, é Clemente XI quem compõe o *Te Joseph celebrent* e eleva, em 1714, a festa de São José ao rito duplo de segunda classe. Ele refunda completamente o Ofício de São José, e aprova, em 1714, três hinos do Ofício de São José compostos pelo carmelita espanhol Fray Juan Escollar (1621–1700).

Bento XIII

Papa de 1724 a 1730, ele estende, em 1726, a toda a Igreja a festa dos Esponsais de São José, e em seguida introduz São José na Litania dos santos.

Bento XIV

Papa de 1740 a 1758, Prosper Lambertini, apoiando-se em Santo Agostinho, escreve que "São José pertence aos santos do Novo Testamento. João Batista, ao contrário, àqueles do Antigo Testamento, do qual ele conclui a lista, assim como Maria e José iniciam a série dos santos do Novo". Em sua *Dissertação sobre a excelência de São José*, Bento XIV afirma que "São José foi chamado por um de seus mais ferventes panegiristas o Patrono da Igreja militante. Possam suas preces obter de Deus a paz da Igreja e a conversão de todos aqueles que estão no erro".

Pio VI

Papa de 1775 até sua morte, em 1799, na Valência francesa, Giannangelo Barschi faz coroar, no dia 31 de maio de 1783, um ícone polonês da Sagrada Família, de Kalisz (Polônia).

Pio VII

Papa de 1800 a 1823, Barnaba Chiaramonti passa por grandes dificuldades com Napoleão. Em 17 de setembro de 1815, ele acrescenta, após o nome da Santa Virgem, aquele de São José à oração *A cunctis*.

Gregório XVI

O Papa Bartolomeu Alberto Capellari, reinando no trono de Pedro de 1831 a 1846, concede, no dia 22 de janeiro de 1836, indulgências particulares aos fiéis que praticam a devoção das Sete dores e das Sete alegrias de São José em favor dos enfermos.

Pio IX *(Bem-aventurado)*

Papa de 1846 a 1878, Giovanni Maria Mastai Ferreti tinha uma grande devoção por São José. Por meio de decreto da Sagrada Congregação das Indulgências, datando de 22 de março de 1847, ele concede indulgências particulares aos fiéis que pratiquem a devoção dos sete domingos em honra das Sete dores e das Sete alegrias de São José. No dia 10 de dezembro seguinte, ele instaura no 3º domingo após a Páscoa a festa e a liturgia para o patronato de São José (decreto da Congregação dos Ritos *Inclytus Patriarcha Joseph*).

Em 1854 ele declara que São José é, após Maria, a esperança mais certa da Igreja. Em 1859 aprova a bênção do Cordão de São José, cuja devoção se difundira na Bélgica. Em 1865, ele consagra o mês de março a São José e concede, nessa ocasião, diversas graças e indulgências.

Pio IX recebe, durante o Concílio Vaticano I (1869–1870), uma petição assinada por cento e cinqüenta e três bispos solicitando que o culto de São José ocupasse um lugar mais importante na santa liturgia. Um outro documento, assinado por quarenta e três superiores de ordens religiosas, solicita que São José seja proclamado patrono da Igreja Universal. Por meio do decreto *Urbi et orbi*, de 27 de abril de 1865, o Pontífice romano associa ao mês de março, consagrado a São José, as mesmas indulgências do mês de Maria.

"Assim como Deus estabeleceu o patriarca José, filho de Jacó, como governador de todo o Egito, garantindo ao povo o alimento necessário à vida, também assim, quando se havia completado o tempo em que o Eterno enviaria sobre a Terra seu único Filho para redimir o mundo, ele escolheu um outro José, cujo predecessor o figurava [ver capítulo II]; ele o estabeleceu enquanto senhor e príncipe de sua casa e de seus bens; ele confiou à guarda de José seus mais preciosos tesouros. Com efeito, José desposara a Imaculada Virgem Maria, da qual, por virtude do Espírito Santo, nasceu Jesus Cristo, que quis passar, aos olhos de todos, como filho de José, e dignou-se ser a José submisso. Aquele que tantos profetas e reis desejaram ver, não apenas José o viu, mas conversou com ele, carregou-o em seus braços com uma paternal ternura, cobrindo-o de beijos; com zelo e solicitude sem iguais, ele alimentou aquele que os fiéis deveriam comer como o Pão da vida eterna. Por conta dessa dignidade sublime, [...] a Igreja sempre exaltou e honrou São José com um culto excepcional, ainda que inferior àquele que ela dedica à Mãe de Deus; sempre, nas horas críticas, ela implorou sua assistência..." (decreto *Quemadmodum Deus*, 8 de dezembro de 1870).

Por isso, a pedido dos padres do Concílio Vaticano I, o Santo Padre Pio IX declara solenemente São José patrono da Igreja Católica nesse dia consagrado à Virgem Imaculada (8 de dezembro), Mãe de Deus, esposa do mui casto José. Esse ato importante é confirmado pela carta apostólica *Inclytum Patriarcham*, do dia 7 de julho de 1871, verdadeiro tratado sumário sobre José, na qual o Pontífice enfatiza os títulos, a grandeza, a dignidade, a santidade e a missão do patriarca que fazem com que a São José seja reconhecido o direito a um culto superior àquele dos outros santos; como efeito a São José foram concedidas, por Deus, graças especiais.

Pio IX quis que o afresco grandioso de F. Podesto, que se encontra na Sala da Imaculada no Vaticano, em memória à definição e proclamação do dogma da Imaculada Conceição de Maria, representasse também São José inserido entre São Pedro e Jesus.

Leão XIII

Vincenzo Pecci é o 256º papa e reina de 1878 a 1903. Em sua primeira alocução no colégio dos cardeais, em 28 de março de 1878, Leão XIII coloca seu pontificado sob a proteção poderosa de São José, celeste Patrono da Igreja; ele o reafirma em sua primeira encíclica, *Inscrutabili Dei consilio*, de 21 de abril de 1878. Ele conclui a encíclica *Aeterni Patris*, de 4 de agosto de 1879, pedindo que se rezasse "ao bem-aventurado José, puríssimo esposo da Virgem". Na carta apostólica *Militans Iesu Christi Ecclesia*, de 12 de março de 1881, ele confia a São José o Jubileu extraordinário que deve começar no dia de sua festa.

Em 1883, Leão XIII aprova a missa e o ofício votivo para todas as quartas-feiras, por meio do decreto *Urbi et Orbi* de 5 de julho.

Na encíclica *Quamquam pluries*, de 15 de agosto de 1889, ele expõe toda a doutrina sobre São José, desde os fundamentos de sua dignidade até a razão singular pela qual ele merece ser proclamado patrono de toda a Igreja, modelo e advogado de todas as famílias cristãs. Por meio da carta apostólica *Quod paucis*, de 28 de janeiro de 1890, ele concede à Espanha e suas colônias o direito de celebrar a festa de São José como um dia de preceito. Leão XIII afirma, na carta apostólica *Quod erat*, de 3 de março de 1891, que, para que se conserve o patrimônio da fé e para que se viva de forma cristã, nada é mais eficaz do que o patronato de São José, que nos obtém, por intermédio do casto esposo, os favores de Maria, Mãe de Deus.

Enfim, a carta apostólica *Neminem fugit*, de 14 de junho de 1892, afirma a participação íntima de José na dignidade suprema da Sagrada Família. Neste documento lemos que "os pais de família encontram uma norma luminosa na vigilância e providência paternas de José; as mães encontram na Santíssima Virgem, a mãe de Deus, um alto exemplo de amor, de pudor, de humildade e de fidelidade perfeitas; as crianças encontram em Jesus, que era submisso a seus pais, um exemplo divino de obediência a ser admirado, venerado e imitado".

Um outro decreto *Urbi et Orbi*, de 15 de agosto de 1892, decide que, se a festa de São José cai no domingo da Paixão,[1] ela deve ser celebrada na segunda-feira seguinte, e que, se ela coincide com a Semana Santa, ela será celebrada na quarta-feira após o domingo *in albis*.[2] Por meio de um decreto da Sagrada Congregação dos Ritos, de 21 de julho de 1893, Leão XIII concede uma festa da Sagrada Família, no 3º domingo após a Epifania, e um estatuto comum às associações existentes no mundo sob essa denominação desde o século XVI — é a elas que devemos, ademais, a origem dessa festa.

---

1   Até 1969, o quinto domingo da Quaresma, anterior ao Domingo de Ramos, era chamado de Domingo da Paixão — NE.

2   Domingo Branco, o primeiro após a Páscoa, também conhecido como Domingo da Misericórdia — NE.

Na encíclica *Quamquam pluries*, Leão XIII busca encorajar o povo cristão "a invocar, com grande piedade e confiança, ao mesmo tempo que a Virgem, Mãe de Deus, seu castíssimo esposo, o bem-aventurado José; o que estimamos ser certamente, para a própria Virgem, coisa desejável e agradável". Essa devoção já se disseminara junto ao povo de Deus, graças à ação de diversos Pontífices romanos. Mas ela deve "se enraizar ainda mais nos costumes e nas instituições católicas", e Leão XIII explica as principais razões disso: "São José foi o esposo de Maria e pai de Jesus Cristo. Daí vêm sua dignidade, seu fervor, sua santidade e sua glória... Dado que José esteve unido à bem-aventurada Virgem por um elo conjugal, não há dúvida de que ele se aproximou, mais do que ninguém, dessa altíssima dignidade por meio da qual a Mãe de Deus transcende todas as naturezas criadas... Ao dar José como esposo à Virgem, Deus deu-lhe não somente um companheiro de vida, uma testemunha de sua virgindade, um guardião de sua honra, mas também, em virtude do próprio pacto conjugal, um participante em sua sublime dignidade...". Assim, José foi, pela vontade divina, o guardião do Filho de Deus, visto pelos homens como seu pai. "E o Verbo de Deus lhe era humildemente submisso, obedecendo-lhe e cumprindo com todos os deveres de uma criança junto a seus pais". De sua parte, José suportava os fardos que a natureza impõe aos pais de família. "Ele se dedicava a proteger com soberano amor e solicitude cotidiana sua esposa e a divina criança; ele ganhava regularmente, por meio de seu trabalho, aquilo que era necessário em termos de alimento e vestimenta para todos. Ele preservou da morte o Menino, ameaçado pela inveja de um rei, encontrando para ele um refúgio; nos incômodos da viagem e nas penas do exílio, José foi o companheiro constante, o auxílio e apoio para a Virgem e para Jesus. Ora, a divina casa que José governou com a autoridade de um pai, continha as primícias da Igreja nascente [...]". "É, portanto, natural e muito digno da parte do bem-aventurado José que, assim como ele provia outrora a todas as necessidades da família de Nazaré e a cobria santamente com sua proteção, ele cubra agora, com seu celeste patronato, e defenda a Igreja de Jesus Cristo [...]".

A Igreja admite que o "José dos tempos antigos, filho do patriarca Jacó, foi a prefiguração do nosso José e, por sua magnitude, anunciava a grandeza do futuro guardião da Divina Família".

Todos os homens da Terra, e de todas as condições, podem recomendar-se a São José: "Os pais de família encontram em José a mais bela personificação da vigilância e da solicitude paternas; — os esposos, um perfeito exemplo de amor, de concórdia e de fidelidade conjugais; — as virgens têm nele o modelo e o protetor da integridade virginal; — os nobres de nascença aprendem com José a preservar, mesmo no infortúnio, sua dignidade; — os ricos compreendem, com suas lições, quais são os bens que devemos desejar e adquirir com todas as nossas forças; — os proletários, os operários, as pessoas de condição modesta gozam, por assim dizer, de um direito especial de recorrer a José, buscando imitá-lo. Pois José, de raça régia, unido pelo casamento à maior e mais santa das mulheres, visto como o pai do Filho de Deus, passou sua vida a trabalhar... José, contente com o pouco que possuía, suportou as dificuldades inerentes a essa mediocridade material com um coração nobre... imitando o Senhor de todas as coisas, que se submete voluntariamente à indigência e à falta de tudo". São José é verdadeiramente o modelo de todos aqueles que vivem do trabalho de suas mãos. A encíclica de Leão XIII se conclui com estas palavras: "Nós prescrevemos que, durante todo o mês de outubro, durante a recitação do Rosário, [...] seja acrescentada uma prece a São José. Deve-se proceder assim todos os anos, perpetuamente. [...] É uma prática salutar das mais louváveis [...] consagrar o mês de março a que se honre o santo patriarca por meio de exercícios de piedade cotidianos. [...] Nós exortamos os fiéis a que santifiquem o quanto for possível o dia 19 de março, pela piedade privada, em honra de seu celeste patrono".

Leão XIII compõe também uma prece, dotada de indulgências, destinada a ser recitada com o terço durante o mês do Rosário. Ele é também o autor da prece *Ad te beate Joseph*.

Pio X *(Santo)*

Papa de 1903 a 1914, ele aprova o decreto da Sagrada Congregação dos Ritos publicando as Litanias de São José. Esse decreto *Urbi et Orbi*, de 18 de março de 1909, justificava a ação do papa nos seguintes termos: "Nosso Santo Padre o Papa Pio X sempre professou uma devoção particular e uma piedade profunda junto ao augusto patriarca São José, pai putativo do divino Redentor, esposo puríssimo da Virgem Mãe de Deus, e poderoso Patrono da Igreja Católica diante de Deus. Ademais, o Santo Padre recebeu o mesmo nome glorioso de José (Giuseppe) ao ser batizado".

São Pio X compõe uma prece a São José, modelo dos trabalhadores: "Glorioso São José, modelo de todos aqueles que se dedicam ao trabalho, obtende-me a graça de trabalhar com espírito de penitência, para expiação de meus numerosos pecados; de trabalhar com consciência, colocando o culto do dever acima de minhas inclinações; de trabalhar com gratidão e alegria, vendo como uma honra o fato de empregar e desenvolver, por meio do trabalho, os dons recebidos de Deus; de trabalhar com ordem, paz, moderação e paciência, sem nunca recuar diante do cansaço e das dificuldades; de trabalhar sobretudo com pureza de intenção e com desprendimento de mim mesmo, trazendo constantemente diante de meus olhos a morte e as contas que deverei prestar pelo tempo perdido, pelos talentos inutilizados, pelo bem omitido e as vãs complacências no sucesso, tão funestas à obra de Deus. Tudo por Jesus, tudo por Maria, patriarca São José! Tal será minha divisa na vida e na morte. Amém".

O Sumo Pontífice transfere a festa de São José, patrono da Igreja Universal, para a quarta-feira após o 3º Domingo de Páscoa. Um decreto *Urbi et Orbi*, de 24 de julho de 1911, altera algumas festas de São José bem como seus estatutos litúrgicos. Ele ordena que sejam preparadas Litanias do santo.

Bento XV

Papa de 1914 a 1922, ele publica, pelo decreto *Urbi et Orbi* de 9 de abril de 1919, diversos prefácios destinados às missas em honra a São José. Em 25 de julho de 1920 ele publica, por ocasião do cinqüentenário da proclamação do patronato de São José sobre toda a Igreja, um *motu proprio*, *Bonum sane*, no qual, após lembrar dos sofrimentos de ordem moral causados pela guerra recente — a grande guerra de 1914–1918 — ele escreve: "Desejando evitar que nossos filhos que ganham suas vidas com o trabalho de suas mãos sejam contaminadas pelo socialismo, o mais mortal inimigo da doutrina cristã, nós propomos e insistimos que São José seja tido como modelo e patrono especial a ser imitado e honrado. São José conduziu, com efeito, uma vida semelhante à desses nossos filhos; também o Cristo Deus, Filho único do Pai eterno, quis ser chamado de 'Filho do Carpinteiro'. José ornou a humildade e a pobreza de sua condição com virtudes tão diversas quanto eminentes, virtudes que convinha serem vistas no esposo da Virgem Imaculada e no pai nutrício do Senhor Jesus".

Bento XV designa São José como advogado eficaz dos moribundos, convidando os bispos a apoiarem as "associações piedosas tais como a da Boa Morte, a da Passagem de São José e a dos Agonizantes, que foram fundadas para implorar a São José em nome dos agonizantes, pois ele é considerado, a justo título, protetor muito eficaz dos moribundos — ele que, à hora de sua morte, contou com o auxílio de Jesus e de Maria".

Por meio do decreto *Urbi et Orbi* de 23 de fevereiro de 1921, Bento XV insere o nome de São José nas aclamações antiblasfematórias pronunciadas ao final da saudação ao Santíssimo Sacramento.

Pio XI

Papa de 1922 a 1939. Por ocasião da beatificação, em 21 de abril de 1926, de dois bem-aventurados franceses — André--Hubert Fournet (1752–1834), fundador das Irmãs da Cruz, e Jeanne-Antide Thouret (1765–1826), fundadora das Filhas da Caridade — Pio XI nos ensina, a respeito de São José: "Eis um santo que entra na vida e se despende inteiramente no cumprimento de uma missão única que Deus lhe dá: a missão incomparável de preservar a pureza de Maria, de proteger Nosso Senhor, de esconder, por sua admirável cooperação, o mistério, o segredo ignorado de todos — com exceção da Santíssima Trindade —, aquele da Redenção do gênero humano. É na grandeza de sua missão que se enraíza a santidade singular e absolutamente incomparável de São José, pois uma tal missão não foi verdadeiramente confiada a nenhuma outra alma, a nenhum outro santo, e porque entre São José e Deus não se vê nem se pode ver ninguém além da Santíssima Virgem com sua maternidade divina. [...] É evidente que, por conta dessa missão tão elevada, esse santo patriarca já possuía o título de glória que é o seu: o de Patrono da Igreja Universal... A Igreja já se encontrava presente, em São José, quando ele exercia a função de guardião, de pai tutelar da Sagrada Família".

Em seguida, por ocasião da leitura do decreto sobre o heroísmo das virtudes de Jeanne-Élisabeth Bichier des Anges (1773–1838), fundadora das Irmãs da Cruz, em 19 de março de 1928, Pio XI declara ainda: "Entre as duas missões, de João Batista e de Pedro, aparece aquela de São José; missão discreta, silenciosa, quase despercebida, que só deveria vir à luz alguns séculos mais tarde; silêncio ao qual deveria se suceder sem dúvida, mas muito tempo depois, um poderoso cântico de glória. E, de fato, lá onde é mais profundo o mistério, mais espessa a noite que o oculta e maior o silêncio, é justamente ali que está a mais elevada missão, o mais cintilante cortejo de virtudes exigidas e méritos necessários à sua realização". Missão única, muito elevada, a de cooperar com a Encarnação.

Na encíclica *Divini Redemptoris*, de 19 de março de 1937, Pio XI indicava: "Colocamos a grande ação da Igreja Católica contra o comunismo ateu mundial sob a égide do poderoso Protetor da Igreja, São José". Ele acrescenta que "José pertence à classe trabalhadora. Ele viveu a árdua experiência da pobreza, ele e a Sagrada Família, da qual era o chefe diligente e amoroso. José foi encarregado da guarda da criança divina, quando Herodes lançou contra ele seus sicários. Por uma vida de fidelidade absoluta no cumprimento do dever cotidiano, este patriarca deixou um exemplo a todos aqueles que devem ganhar o pão com seu trabalho manual e mereceu ser chamado o Justo, modelo vivo dessa justiça cristã que deve reinar na vida social".

Enfim, no dia 19 de março de 1938, Pio XI reconhece que, "dado que São José era verdadeiramente o chefe da casa, sua intercessão não pode ser senão onipotente". (Cf. cap. v, *União hipostática e São José*).

Pio XII (Venerável)

Papa de 1939 a 1958. Em um discurso dirigido a jovens esposos, ele se expressa nos seguintes termos: "Como poderíamos nós, ao vos receber, caros esposos, não voltar nosso pensamento a São José, castíssimo esposo da Virgem, patrono da Igreja Universal, que celebra hoje sua solenidade? Se todos os cristãos recorrem à proteção desse glorioso patriarca, vós tendes, seguramente, uma legitimidade especial para fazê-lo.

[...] As raras e breves passagens em que o Evangelho o evoca nos bastam para mostrar que tipo de chefe de família foi São José, que modelo e que patrono especial ele é, conseqüentemente, para vós, jovens esposos.

Guardião mui fiel do precioso tesouro que Deus lhe confiara em Maria e em seu divino Filho, ele velava, antes de tudo, sobre a vida material deles. Ao partir para Belém para se inscrever no recenseamento, obediente ao édito de Augusto, ele não quis deixar Maria sozinha em Nazaré, ela que iria se tornar Mãe de Deus. A despeito da falta de detalhes nos relatos evangélicos, as almas piedosas gostam de imaginar mais intimamente os cuidados que, então, ele oferecia prodigamente à Virgem e a seu Filho. Elas o vêem a erguer a pesada porta da hospedaria que já estava cheia, como o *khan* das cidades modernas do Oriente Médio; em seguida elas o vêem recorrer em vão a seus pais e amigos; enfim, rejeitado em toda parte, elas o vêem esforçar-se ao menos por colocar um pouco de ordem e limpar a gruta. Ei-lo a segurar, com mãos viris, as pequeninas mãos frias de Jesus para aquecê-las.

Tendo sido informado, um pouco mais tarde, que seu tesouro estava ameaçado, José 'tomou o menino e sua mãe e partiu para o Egito' (Mt 2, 14), e, por terrenos arenosos, afastando do caminho pedras e espinheiros, ele os conduziu até o Egito. Ali ele trabalhou duramente para alimentá-los. Ao receber uma nova ordem do Céu — provavelmente alguns anos após sua chegada —, ao preço de semelhantes esforços, ele os conduziu à Galiléia. Em Nazaré (Mt 2, 22–23) ele mostrou a Jesus, seu divino aprendiz, como manipular o serrote e a plaina; por vezes, ele deixava o lar para trabalhar fora e, à noite, retornando, Jesus e Maria o esperavam à porta com um sorriso; com eles José se sentava em volta de uma pequena mesa para uma refeição frugal.

Garantir o pão cotidiano à sua esposa e aos seus filhos: tal é a missão mais urgente de um pai de família. Oh! que tristeza, quando ele vê padecerem aqueles que ele ama, pois não há mais nada no armário, mais nada na bolsa!

Mas a Providência, que conduzira o primeiro José pela mão quando, traído por seus irmãos, ele fora primeiramente escravo, para depois tornar-se superintendente, mestre de toda a terra do Egito (Gn 41, 43) e provedor de sua própria família (Gn 45, 18); essa mesma Providência conduziu o segundo José a esse mesmo país, onde ele chega desprovido de tudo, sem conhecer nem os habitantes, nem os costumes, nem a língua, e fê-lo de lá retornar são e salvo com Maria vigorosa, e Jesus a crescer em sabedoria, em idade e em graça (Lc 2, 52) [...].

Saber pedir a Deus aquilo de que precisamos, é esse o segredo da prece e de seu poder; eis aí um outro ensinamento de São José. O Evangelho, é bem verdade, não nos diz nada sobre quais eram as preces feitas na casa de Nazaré. Mas a fidelidade da Sagrada Família às práticas religiosas é explicitamente atestada — como se fora necessário atestá-lo! — quando São Lucas (2, 41 e ss.) nos conta que, segundo o costume, Jesus ia com Maria e José ao Templo de Jerusalém para as festas de Páscoa.

É fácil portanto, é agradável representar-se a Sagrada Família na hora da oração" (*O admirável exemplo de São José*, discurso aos jovens esposos, 10 de abril de 1940).

Dirigindo-se, em 1947, aos membros da Ação Católica Italiana, ele lhes fez uma recomendação: "Nunca houve um homem mais próximo do Redentor, pelos elos domésticos, pelas relações cotidianas, por uma harmonia espiritual e pela vida divina da graça do que José. Ele é da raça de Davi e, no entanto, vive como humilde trabalhador braçal... Como não o escolher como vosso patrono celeste?".

Ao receber o congresso das Associações Cristãs de Trabalhadores Italianos, em 1º de maio de 1955, Pio XII institui a festa de São José Operário, com missa e ofício próprios e texto do Martirológio, destinado a substituir aquele do patronato de São José: "[...] Não poderia haver melhor protetor para auxiliar-vos na tarefa de fazer com que o Evangelho penetre vossas vidas. [...] Certamente, nenhum trabalhador foi nunca tão perfeita e profundamente habitado pelo Evangelho do que o pai putativo de Jesus, que viveu com o Senhor na mais estreita intimidade e comunhão de família e de trabalho. De igual modo, se vós quereis estar perto do Cristo, repetimos-vos uma vez mais: ide a José. [...] Nós temos o prazer de vos anunciar nossa determinação de instituir — e o instituímos, de fato — a festa litúrgica de São José Operário, fixando-a precisamente no dia 1º de maio". A instituição dessa festa foi acompanhada de uma liturgia nova, compreendendo uma missa e ofício próprios.

Na encíclica *Haurietis aquas*, de 15 de maio de 1956, o papa descreve as relações familiares de Jesus com José: "O Coração do Salvador palpitava de amor, sempre em harmonia perfeita com sua vontade humana e com seu amor divino, quando ele tratava com sua doce mãe em conversações celestes, na casinha de Nazaré, e com seu pai putativo José, ao qual ele obedecia como fiel colaborador no exaustivo ofício de carpinteiro".

Em 11 de março de 1958, a Sagrada Penitenciaria Apostólica publica uma prece de Pio XII a São José, acompanhada de abundantes indulgências.

João XXIII *(Santo)*

Giuseppe Roncalli, papa de 1958 a 1963 que iniciou o Concílio Vaticano II, foi canonizado em 2014 pelo Papa Francisco. Durante uma homilia proferida em 26 de maio de 1960, ele aceita a idéia proposta por São Bernardino de Siena, e retomada por São Francisco de Sales, segundo a qual São José e São João Batista devem ser contados entres os santos que ressuscitaram com o Cristo e entraram com ele no Céu no dia de sua Ascensão.

Na carta apostólica *Le voci*, de 19 de março de 1961, João XXIII recorda a lenta expansão do culto dedicado a São José, resume os atos dos Pontífices anteriores em honra a São José e o nomeia protetor do Concílio Ecumênico Vaticano II. São José é ainda mencionado na exortação apostólica *Sacrae laudis*, de 6 de janeiro de 1962.

No dia 13 de novembro de 1962, João XXIII anunciava em *motu proprio* aos padres do concílio, por meio do cardeal secretário de Estado, sua decisão de introduzir o nome de São José no *Communicantes*. Um decreto da Congregação dos Ritos, *De S. Joseph nomine Canoni Missae inserendo*, do mesmo dia, ordena que o nome de São José seja inserido no memorial da prece eucarística, no cânon romano: *Infra actionem post verba: Communicantes... Domini nostri Jesus Christi, haec addantur: sed et beati Joseph eiusdem Virginia sponsi*. João XXIII respondia favoravelmente, assim, a diversas solicitações e petições — as primeiras delas remontando a 1815, dentre as quais aquela do Pe. Cyprien Macabiau, S.J. Um memorando de 75 páginas, provindo do Oratório de Montreal e dos centros de josefologia de Valladolid e de Viterbo, havia sido endereçado em 1961 aos bispos do mundo inteiro acompanhado de uma petição nesse sentido.

Paulo VI *(Santo)*

Papa de 1963 a 1978, Giovanni Battista Montini é canonizado em 2018 pelo Papa Francisco. Em sua homilia de 19 de março de 1965, Paulo VI exalta a simplicidade e a humildade de São José: "A figura de José é delineada com as linhas da modéstia a mais popular, a mais comum, a mais insignificante, segundo o termo empregado pelos valores humanos, dado que não percebemos nele nada que possa justificar sua real grandeza e a extraordinária missão que lhe fora confiada pela Providência e que constitui, com razão, o tema de tantas considerações, e até mesmo de tantos discursos em honra a São José. [...] José se nos apresenta como alguém de uma extrema humildade: um modesto operário, anônimo, que nada tem de singular, que não deixa, no próprio Evangelho, nenhum acento de sua própria voz".

O Papa Montini enfatiza a reserva silenciosa e a perfeita obediência do santo patriarca. "José foi, a todo instante e de um modo exemplar, um insuperável guardião, assistente e mestre. Em sua diligência total e submissa, ele foi de uma grandeza sobre-humana, que nos deixa maravilhados. [...] Como é fácil se confiar a um santo que não nos intimida, que não impõe nenhuma distância entre ele e nós, e que inclusive, com uma condescendência desconcertante, se põe por assim dizer aos nossos pés e nos diz: 'Vê o nível que me foi designado!'. Jesus escolheu José. [...] Ele escolheu, como seu colaborador, o instrumento mais humilde e mais simples, que manifesta, em um certo sentido, sua onipotência exclusiva de redenção".

Ao mostrar a condescendência e a bondade de Deus para com o gênero humano, o Pontífice enfatiza que Deus "se fez imensamente pequeno. [...] O Senhor desceu ao último degrau da pirâmide social. Que alegria provam os humildes, os pobres, os pecadores, os deserdados, aqueles que têm plena consciência da miséria humana. [...] Como eles exultam ao serem apresentados ao Cristo por meio de um guardião, por um Patrono como São José! [...] São José é uma ilustração do grito que deveríamos ouvir como um dos mais expressivos do Santo Evangelho: 'Vinde a mim, vós todos que estais aflitos sob o fardo, e eu vos aliviarei'".

Paulo VI retorna à pessoa de São José na homilia de 19 de março de 1968, na qual ele exalta a humildade da Encarnação e presta homenagem àquele que faz a vontade de Deus. Também na homilia de 19 de março de 1969, na qual ele enfatiza a vida pobre e oculta de São José. E na homilia de 19 de março de 1975, meditando sobre a situação única de São José.

Em uma carta ao Cardeal Villot, de 25 de novembro 1970, escrita por ocasião de um Simpósio Nacional de Roma, Paulo VI encoraja os trabalhos de pesquisa sobre São José, a fim de que se possa "sempre melhor compreender e apreciar o lugar singular que a Providência confiou a José, em união com Maria, sua esposa, no mistério do Cristo e da Igreja".

Em 1965, deu-se o coroamento canônico de uma estátua de São José no primeiro convento da reforma do Carmelo por Santa Teresa, em Ávila. Em 1969, Paulo VI desloca a festa da Sagrada Família e a instaura no domingo após a Natividade.

João Paulo II (Santo)

O cardeal polonês Karol Joseph Wojtyla é eleito papa em 1978 e permanece no trono de São Pedro até 2005, após ter introduzido na Igreja o terceiro milênio da cristandade. Ele é beatificado por Bento XVI e canonizado pelo Papa Francisco em 2014.

Em uma homilia de 19 de março de 1982, ele afirma que a santidade de São José reside primeiramente em sua fé, heróica, a toda prova: "Ele é grande por sua fé, não porque ele profere palavras que lhe são próprias, mas sobretudo porque ouve a voz do Deus vivo. São José esteve sempre atento à Palavra de Deus".

Em sua homilia do dia 19 de março de 1986, João Paulo II estabelece um paralelo entre a paternidade humana e a paternidade divina. "Na atmosfera de solicitude do pai e da mãe se desenvolve, na alma da criança, o espaço interior da vocação que provém do próprio Deus...". A paternidade humana "restitui o homem a Deus: à própria paternidade de Deus".

João Paulo II retorna ao tema da dignidade do trabalho e seu valor redentor em uma homilia de 1º de maio de 1988. José era um operário, um artesão: "Ele convida os trabalhadores, ou melhor, ele os convoca com autoridade a encontrar, com ele e como ele, seu lugar próximo a Jesus — conhecido por seus contemporâneos como o 'filho do carpinteiro'. [...] O trabalho e aqueles que o exercem foram inseridos na história da salvação — quer dizer, nessa obra que Jesus veio realizar neste mundo em nosso favor —, primeiramente graças à vida de carpinteiro de Jesus; em seguida, por seu ministério de pregador e taumaturgo, e enfim por sua Morte e sua Ressurreição".

João Paulo II publica, em 15 de agosto de 1989, a exortação apostólica *Redemptoris custos*, por ocasião do centenário da aparição da encíclica *Quamquam pluries*, do Papa Leão XIII. Desde a primeira frase de sua exortação apostólica, ele dá o tom e a orientação de seu texto: "Chamado a velar pelo Redentor, José fez aquilo que o anjo do Senhor lhe havia prescrito: ele tomou consigo sua esposa" (nº 1). Assim, a vocação de José consiste em velar pelo Redentor e, portanto, sobre sua Mãe. Sua principal virtude é a obediência: ele faz aquilo que o anjo lhe pede para fazer. Ele torna-se o modelo dos esposos e, portanto, dos pais, e por isso mesmo torna-se fundador das famílias santas e modelo dos chefes de família. José se comportará como depositário do mistério de Deus e pai de Jesus aos olhos dos homens.

Podemos dizer de José o mesmo que é dito sobre Maria: "Bem-aventurado aquele que acreditou". "Pois ele respondeu afirmativamente à Palavra de Deus quando ela lhe foi comunicada". Obediente na fé, "ele fez aquilo que o anjo lhe havia prescrito" (nº 4). Ele "é o primeiro a participar da fé da Mãe de Deus e, assim, ele apóia sua esposa em sua fé na Anunciação divina. Ele é aquele que Deus colocou em primeiro lugar na peregrinação de fé na qual Maria, sobretudo a partir do Calvário e do Pentecostes, será a primeira de um modo perfeito" (nº 5).

A paternidade de José passa pelo casamento com Maria, ou seja, pela família (nº 7). Para a Igreja, é tão importante proclamar a concepção virginal de Jesus quanto defender o casamento de Maria com José, pois é desse casamento que depende, juridicamente, a paternidade de José. Por isso é importante que se leia a genealogia de José. Chamado por Deus, São José, ao exercer sua paternidade e sua autoridade legal sobre a Sagrada Família, cooperou "na plenitude dos tempos com o grande mistério da Redenção. [...] Ele fez de sua vida um serviço, um sacrifício em prol do mistério da Encarnação e da missão redentora à qual ele fora associado. […] A São José, servidor fiel e prudente, foi confiada por Deus a guarda da Sagrada Família, por quem ele vela como um pai sobre o Filho único de Deus".

Toda a vida "privada" ou "oculta" de Jesus é confiada à sua guarda (nº 8). José aparece também como o homem justo e como esposo. Tal como a de Maria, a vida de José foi uma peregrinação na fé e na fidelidade a Deus, na humildade e no silêncio. Maria e José estão unidos por um amor conjugal e virginal. Esses dois amores representam, juntos, "o mistério da Igreja, virgem e esposa, cujo casamento de Maria e de José é o símbolo. […] José, seguindo a ordem do anjo, guarda Maria consigo e respeita seu exclusivo pertencimento a Deus".

"Por meio de seu trabalho, José exprime o amor. Graças a José, o trabalho humano se investiu de cores especiais no Evangelho. O trabalho entrou no mistério da Encarnação ao mesmo tempo que a humanidade do Filho de Deus". "A submissão, ou seja, a obediência de Jesus na casa de Nazaré, também é compreendida como uma participação no trabalho de José" (nº 22). São José, modelo dos humildes, que o cristianismo alça aos mais elevados desígnios, santificou, definitivamente, a vida cotidiana (nº 24).

O papa aborda, em seguida, a vida interior de São José. Ele vivia em um clima de profunda contemplação. A relação Jesus-José foi muito singular, e José "é um exemplo luminoso de vida interior". Em José, a união da vida ativa e da vida contemplativa alcançou sua perfeição, "e nós podemos dizer que José experimentou tanto o amor da Verdade divina que irradiava da humanidade do Cristo, quanto a exigência do amor, ou seja, o amor, também ele puro, do serviço prático, necessário para a proteção e o desenvolvimento dessa mesma humanidade" (nº 27).

São João Paulo II desejou que o terceiro milênio fosse confiado ao patronato do esposo de Maria, reputado pai de Jesus Cristo. "Esse patronato deve ser invocado, e ele é necessário à Igreja. […] sobretudo para apoiá-la em seus esforços redobrados de evangelização dos países e das nações. […] Além da proteção eficaz de José, a Igreja confia em seu exemplo insigne […] proposto a toda a comunidade cristã" (nº 29).

Bento XVI

O cardeal bávaro Joseph Ratzinger, prefeito da Congregação para a Doutrina da Fé durante vinte anos, é eleito papa em 2005, sucedendo a São João Paulo II. "Que Maria, Estrela da Evangelização, e seu casto esposo São José intercedam a fim de que a 'estrela' que o Senhor acendeu no universo, a Igreja, com a reforma de Santa Teresa, continue a irradiar o grande esplendor do amor e da verdade do Cristo a todos os homens" (*Mensagem*, 16 de julho de 2012).

"Gostaria hoje meditar sobre a figura de São José. Na página evangélica do dia de hoje, São Lucas apresenta a Virgem Maria como 'desposada com um homem que se chamava José, da casa de Davi' (Lc 1, 27). Mas é o evangelista Mateus quem concede maior importância ao pai putativo de Jesus, enfatizando que, através dele, o Menino se inscrevia legalmente na descendência de Davi, e cumpria assim as Escrituras, nas quais o Messias era profetizado como 'filho de Davi'. Mas, sem dúvida, o papel de José não pode ser reduzido a esse aspecto jurídico. Ele é o modelo do homem 'justo' (Mt 1, 19), que, em perfeita harmonia com sua esposa, acolhe o Filho de Deus feito homem e vela sobre seu crescimento humano. É por isso que, durante os dias que antecedem o Natal, é sempre oportuno estabelecer uma espécie de diálogo espiritual com São José, a fim de que ele nos ajude a viver em plenitude esse grande mistério da fé. [...].

"Seu silêncio é algo repleto de contemplação do mistério de Deus, numa atitude de disponibilidade total às vontades divinas. Em outras palavras, o silêncio de São José não manifesta um vazio interior, mas, ao contrário, a plenitude da fé que ele carrega em seu coração e que guia cada um de seus pensamentos e cada uma de suas ações; um silêncio graças ao qual José, em uníssono com Maria, conserva a Palavra de Deus, conhecida através das Sagradas Escrituras, confrontando-a em permanência com os acontecimentos da vida de Jesus; silêncio atravessado pela constante oração, oração de bênção do Senhor, de adoração de Sua santa vontade e de confiança ilimitada na Providência. Não é exagerado pensarmos que é precisamente de seu 'pai' José que Jesus aprendeu — no plano humano —

aquela solidez interior que é o pressuposto da justiça autêntica, a 'justiça superior' que ele, Jesus, um dia ensinará a seus discípulos (cf. Mt 5, 20)" (*Angelus*, 18 de dezembro de 2005).

Francisco (Papa)

Nascido em 1936 em Buenos Aires (Argentina), Jorge Mario Bergoglio é eleito papa em 2013. Ele assume sua função em 19 de março, dia da solenidade de São José, santo que está presente em seu brasão pontifical sob a forma de uma flor de nardo, chamada "flor de São José". O Papa Francisco consagra toda a homilia de sua instalação no trono de Pedro à figura de São José: "Agradeço ao Senhor por poder celebrar essa missa inaugural de meu ministério petrino na solenidade de São José, esposo da Virgem Maria e Patrono da Igreja Universal: é uma riquíssima coincidência de significados, e é também a festa de meu venerado predecessor: somos ambos próximos de José através da oração, cheios de afeto e gratidão. [...] Ouvimos no Evangelho que 'José fez como o anjo do Senhor lhe havia mandado e recebeu em sua casa sua esposa' (Mt 1, 24). Nessas palavras já está contida a missão que Deus confia a José, a missão de ser *custos*, guardião. [...] Como José exerce essa guarda? Com discrição, com humildade, no silêncio, mas por uma presença constante e uma fidelidade total, mesmo quando ele não compreende o que se passa. Desde seu casamento com Maria até o episódio vivido com Jesus aos doze anos de idade, no Templo de Jerusalém, ele acompanha cada momento com zelo e amor. José está ao lado de Maria, sua esposa, nos momentos serenos e nos momentos difíceis da vida, na viagem a Belém para recenseamento e nas horas de angústia e júbilo do nascimento; no momento dramático da fuga para o Egito, e na busca inquieta do filho no Templo; e, também, no cotidiano da casa de Nazaré, na oficina onde ele ensinou a profissão a Jesus. Como é que José vive sua vocação de guardião de Maria, de Jesus e da Igreja? Na constante atenção a Deus, aberto a seus sinais, disponível a seu projeto — e não tanto ao seu próprio; e é isso que Deus pede a Davi, como havíamos ouvido na primeira leitura: Deus não deseja uma casa construída pelo homem, mas ele quer, isso sim, a fidelidade à sua Palavra, ao seu desígnio; é Deus mesmo quem constrói a casa, mas com as pedras vivas marcadas com o seu Espírito. E José é 'guardião', pois ele sabe ouvir a Deus, ele se deixa guiar por sua vontade, e justamente por isso ele é ainda mais sensível às pessoas que lhe são confiadas; ele sabe ler com realismo os acontecimentos, está atento àquilo que o cerca e sabe tomar as decisões mais sábias. Nele, caros amigos, vemos como é que se responde à vocação de Deus: com disponibilidade, com prontidão. Mas vemos também qual é o centro da vocação cristã: o Cristo! Nós protegemos o Cristo em nossa vida, para podermos proteger os outros, para protegermos a criação [...]. Nos Evangelhos, São José aparece como um homem forte, corajoso, trabalhador, mas em sua alma desponta uma grande ternura, que não é a virtude do frágil, mas, ao contrário, denota uma força de alma e uma capacidade de atenção, de compaixão, de verdadeira abertura ao outro, de amor".

Na audiência geral de 19 de março de 2014, o papa nos convida a olhar "José como o modelo do educador, que guarda e acompanha Jesus em seu crescimento 'em estatura, em sabedoria e em graça', como diz o Evangelho de Lucas (2, 52). Ele não era o pai de Jesus: o pai de Jesus era Deus, mas ele era o papai de Jesus, ele serviu como pai de Jesus para ajudá-lo a crescer. E como foi que ele o ajudou a crescer? Com sabedoria, com estatura e com graça [...].

Comecemos com a estatura, que é a dimensão mais natural, o crescimento físico e psicológico. José, com Maria, cuidou de Jesus primeiramente neste plano, ou seja, ele o 'sustentou', cuidando para que não lhe faltasse nada do que é necessário a um são desenvolvimento. Não esqueçamos que essa guarda precavida da vida do Menino passou também pela fuga para o Egito, pela dura experiência de vida como refugiados — José foi um refugiado, com Maria e Jesus —, para escapar da ameaça de Herodes. Mais tarde, de volta a seu país e instalados em Nazaré, deu-se todo o longo período da vida oculta de Jesus em família, no seio da Sagrada Família. Durante esses anos, José ensinou a Jesus seu trabalho: Jesus aprendeu o ofício de carpinteiro, como seu pai José [...].

Passemos à segunda dimensão da educação de Jesus, aquela da 'sabedoria'. [...] Nós podemos imaginar como José educou o pequeno Jesus para que ouvisse as Sagradas Escrituras, sobretudo ao acompanhá-lo aos sábados na sinagoga de Nazaré. José o acompanhava para que Jesus ouvisse a Palavra de Deus na sinagoga. E José e Maria puderam certa vez constatar com qual profundidade Jesus ouvia a Palavra de Deus: aos doze anos, ele permaneceu no Templo de Jerusalém sem que seus pais se dessem conta; estes o reencontraram após três dias, enquanto Jesus conversava com os doutores da lei, espantados com sua sabedoria. Eis aí: Jesus é cheio de sabedoria, pois ele é o Filho de Deus, mas o Pai celeste utilizou a colaboração de São José a fim de que seu Filho pudesse crescer 'cheio de sabedoria' (Lc 2, 40).

E, enfim, a dimensão da 'graça'. São Lucas nos diz, ainda, ao referir-se a Jesus: 'a graça de Deus repousava nele' (2, 40). Aqui, a parte reservada a São José é, certamente, mais limitada [...]. Mas seria um grave erro pensar que um pai e uma mãe não podem fazer nada para educar seus filhos para que cresçam na graça de Deus. Crescer em estatura, crescer em sabedoria, crescer em graça: é o trabalho que José realizou junto a Jesus, fazendo-o crescer nessas três dimensões, ajudando-o a crescer. José fez isso de maneira verdadeiramente única, incomparável. [...] No que diz respeito à graça, sua obra educadora consistia em auxiliar a ação do Espírito no coração e na vida de Jesus, em harmonia com a Virgem. Esse campo educativo é aquele mais especificamente relativo à fé, à oração, à adoração, à aceitação da vontade de Deus e de seu desígnio. É também, e acima de tudo, nessa dimensão da graça que José educou primeiramente Jesus através do exemplo: o exemplo de um 'homem de bem' (Mt 1, 19), que se deixa sempre guiar pela fé, e que sabe que a salvação não vem pela observância da lei, mas pela graça de Deus, por seu amor e sua fidelidade".

Por meio do decreto de 1º de maio de 2013, o Papa Francisco faz mencionar o nome de "São José, esposo de Maria" nos cânones II, III e IV da missa, apoiando-se na doutrina enunciada por São João Paulo II em *Redemptoris custos*.

Você sabia?

UM REMÉDIO DO PAPA FRANCISCO PARA DORMIR

"Gosto muito de São José, pois é um homem forte e silencioso. E em meu escritório tenho uma imagem de São José dormindo; e ele toma conta da Igreja enquanto dorme! Sim, ele pode fazê-lo, nós sabemos. E quando tenho um problema, uma dificuldade, eu escrevo um bilhete e o coloco embaixo de São José, para que ele sonhe com meu recado — quero dizer: para que ele ore por meu problema! [...] José ouviu a voz do anjo do Senhor e respondeu ao chamado de Deus de velar por Jesus e Maria. Assim, ele exerceu seu papel no plano de Deus e tornou-se uma bênção não apenas para a Sagrada Família, mas uma bênção para toda a humanidade. Com Maria, José serviu de modelo para o Menino Jesus enquanto ele crescia em sabedoria, em idade e em graça (cf. Lc 2, 52). Quando as famílias dão à luz os filhos neste mundo, educam-nos na fé, bem como nos valores sãos, e lhes ensinam a oferecer sua contribuição à sociedade; elas, as famílias, se tornam uma bênção para nosso mundo" (Encontro com as famílias. Manila, 16 de janeiro de 2015).Em sua encíclica Laudato Si, sobre a preservação da casa comum, o Papa Francisco escreve, em 24 de maio de 2015, que, ao lado da Virgem Maria, *"[...] na Sagrada Família de Nazaré, destaca-se a figura de São José. Com o seu trabalho e presença generosa, defendeu Maria e Jesus e livrou-os da violência dos injustos, levando-os para o Egito. No Evangelho, ele é descrito como um homem justo, trabalhador, forte; mas da sua figura emana também uma grande ternura, própria não de quem é fraco, mas de quem é verdadeiramente forte, atento à realidade para amar e servir humildemente. Por isso é que ele foi declarado protetor da Igreja Universal. Também ele nos pode ensinar a cuidar, pode motivar-nos a trabalhar com generosidade e ternura para proteger este mundo que Deus nos confiou"* (n° 242).

[Concílio Vaticano I (1870–1871)]

Trata-se da vigésima assembléia ecumênica da Igreja Católica. Três *postulata* são apresentados ao longo do concílio quanto ao patronato de São José.

O primeiro *postulatum*, assinado por 153 padres conciliares, resume as virtudes do santo, enfatiza o desejo universal de ver crescer seu culto e solicita, primeiramente, que São José, por conta de seu nome de pai de Nosso Senhor, seja, após a Santa Virgem, honrado acima de todos os bem-aventurados, ou seja, do culto superior de dulia, e, em segundo lugar, que São José, a quem fora confiado o cuidado da Sagrada Família, seja, após Maria, visto como o primeiro patrono da Igreja.

O segundo *postulatum*, assinado por 43 superiores de ordens, exprime o desejo que São José seja proclamado patrono da Igreja Universal e argumenta da seguinte forma: 1º convém que o povo cristão tenha seu patrono, e quem poderá ser esse patrono, senão José? 2º Os fiéis solicitam esse patronato. 3º A Igreja e o Cristo são como uma só e mesma pessoa. Não convirá, portanto, que a Igreja se confie especialmente à solicitude afetuosa do santo que Jesus Cristo escolheu como tutor e pai nutrício? Não será natural que, para escapar às diversas ciladas de seus inimigos, ela se coloque sob a égide daquele que frustrou os planos do velho Herodes contra o Salvador?

O terceiro *postulatum*, enfim, apresentado por 118 padres, constata o crescimento da devoção a São José, os benefícios desse grande santo a se multiplicarem, o desejo universal de ver seu culto tornar-se mais solene. Os padres signatários solicitam, conseqüentemente, que ele seja proclamado patrono da Igreja Universal, que é o corpo do Cristo, e que seu patronato seja celebrado com uma festa dupla de 1ª classe.

O concílio teve de se dissolver prematuramente por conta da guerra Franco-Prussiana de 1870–1871. Mas o Papa Pio IX havia ouvido os pedidos. No dia 8 de dezembro de 1870, um decreto da Sagrada Congregação dos Ritos declara São José patrono da Igreja Universal:

"Da mesma maneira que Deus havia constituído José, filho do patriarca Jacó, superintendente de toda a terra do Egito para guardar o trigo para o povo, assim, chegando a plenitude dos tempos, estando para enviar à Terra o seu Filho Unigênito Salvador do mundo, o Senhor escolheu um outro José, do qual o primeiro era a prefiguração, fê-lo senhor e príncipe de sua casa e propriedade e o elegeu guarda dos seus tesouros mais preciosos.

De fato, ele teve como sua esposa a Imaculada Virgem Maria, da qual nasceu, pelo Espírito Santo, Nosso Senhor Jesus Cristo, que perante os homens dignou-se ter sido considerado filho de José e lhe foi submisso. E Aquele que tantos reis e profetas desejaram ver, José não só viu, mas com Ele conviveu e com paterno afeto abraçou e beijou; e, além disso, nutriu cuidadosamente Aquele que o povo fiel comeria como pão descido dos Céus para alcançar a vida eterna. Por essa sublime dignidade que Deus conferiu a este fidelíssimo servo seu, a Igreja teve sempre em alta honra e glória o Beatíssimo José, depois da Virgem Mãe de Deus, sua esposa, implorando a sua intercessão em momentos difíceis.

E agora, nestes tempos tristíssimos em que a Igreja, atacada de todos os lados pelos inimigos, é oprimida pelos mais graves males — a tal ponto que homens ímpios pensam ter finalmente as portas do Inferno prevalecido sobre ela —, os Veneráveis e Excelentíssimos Bispos de todo o mundo católico dirigiram ao Sumo

Pontífice as suas súplicas e as dos fiéis, solicitando que se dignasse constituir São José como Patrono da Igreja Católica.

O Sacro Concílio Ecumênico do Vaticano lhes proporcionou uma ocasião para que insistissem em suas solicitações, e nosso santíssimo pastor, o Papa Pio IX, consternado pela recente e funesta situação das coisas, para confiar os fiéis e ele próprio ao poderosíssimo patrocínio do santo patriarca José, quis satisfazer os desejos dos Excelentíssimos Bispos e solenemente declarou-o Patrono da Igreja Católica, ordenando que sua festa, estabelecida em 19 de março, seja de agora em diante celebrada com rito duplo de primeira classe — porém sem oitava, por conta da Quaresma".

[Para ir além]

A Igreja e São José

Como escreve Pio XI, "entre São José e Deus não se vê — nem se pode ver — ninguém mais além de Maria Santíssima, com sua Maternidade divina. Toda a Igreja se encontrava ao lado dele, contida como em germe fecundo na humanidade e no sangue do Cristo; toda a Igreja estava ali, na Maternidade virginal de Maria Santíssima, Mãe de Jesus e Mãe de todos os fiéis [...]; pequena aos olhos dos homens, mas grande aos olhos do Espírito, a Igreja estava ali, ao lado de São José, e ele era, para a Sagrada Família, o guardião e o pai tutelar" (21 de abril de 1926).

E o Papa Leão XIII acrescenta: "Ora, a Sagrada Família, que José governava com um poder por assim dizer paternal, continha em si mesma as primícias da Igreja nascente. Assim como a Santíssima Virgem é a mãe de Jesus Cristo, ela é também mãe de todos os cristãos concebidos na montanha do Calvário, em meio aos supremos sofrimentos do Redentor crucificado; Jesus Cristo é, assim, como que o primogênito dos cristãos, os quais, pela adoção e pela redenção, são seus irmãos. Tais são as razões pelas quais o bem-aventurado patriarca José entende que a multidão dos cristãos que compõem a Igreja lhe é particularmente confiada, essa imensa família dispersa por toda a Terra, sobre a qual, em sua qualidade de esposo de Maria e de pai de Jesus Cristo, ele dispõe de uma autoridade quase paternal. É, portanto, natural, e muito digno de José, que tal como ele provia outrora a todas as necessidades da família de Nazaré, e a cercava de sua santíssima proteção, ele hoje cubra com seu celeste patronato a Igreja de Jesus Cristo, e a defenda" (Leão XIII, enc. *Quamquam pluries*).

"Hoje ainda temos motivos que perduram para recomendar todos e cada um dos homens a São José. Desejo vivamente que esta evocação da figura de São José renove também em nós o ritmo da oração que, há um século atrás, o meu predecessor estabeleceu que fosse elevada ao pai nutrício de Jesus. De fato, não há dúvidas quanto a que esta oração e a própria figura de São José se revestem de atualidade renovada para a Igreja do nosso tempo, em relação com o novo milênio cristão. O Concílio Vaticano II procurou sensibilizar-nos novamente para 'as grandes coisas de Deus' e para aquela 'economia da salvação' de que São José foi particularmente ministro. Recomendando-nos, pois, à proteção daquele a quem o próprio Deus 'confiou a guarda dos seus maiores e mais preciosos tesouros', aprendamos com ele, ao mesmo tempo, a servir a 'economia da salvação'. Que São José se torne para todos um mestre singular no serviço da missão salvífica de Cristo, a qual, na Igreja, compete a cada um e a todos: aos esposos e aos pais, àqueles que vivem do trabalho das próprias mãos e de todo e qualquer outro trabalho, às pessoas chamadas para a vida contemplativa e às que são chamadas ao apostolado. O homem justo, que trazia em si o patrimônio da Antiga Aliança, foi também introduzido no 'princípio' da nova e eterna Aliança em Jesus Cristo. Que ele nos indique os caminhos desta Aliança salvífica no limiar do próximo milênio, durante o qual deve perdurar e desenvolver-se ulteriormente a 'plenitude dos tempos' própria do mistério inefável da Encarnação do Verbo. Que São José obtenha para a Igreja e para o mundo, assim como para cada um de nós, a bênção do Pai e do Filho e do Espírito Santo" (João Paulo II, *Redemptoris custos*, nº 28).

CAPÍTULO V

A santidade de São José

Com exceção da Virgem Maria, a santidade de José ultrapassa aquela de todos os outros santos, por conta de suas relações próximas com o Messias. Os profetas anunciaram o Messias, mas não o viram nem o ouviram. Os apóstolos e outros santos servem a Igreja, Corpo místico do Cristo. Os mártires dão testemunho da vinda do Salvador. Mas a missão de José, assim como a de Maria, é ordenada diretamente ao serviço da pessoa do Cristo. A santidade de José não é afirmada com clareza antes do século xv, pois o casamento de Maria e José é considerado como excepcional, difícil a ser proposto como modelo. Ademais, o fato de José ter morrido antes de Jesus coloca um problema, o qual um teólogo como Eiximenis explicará a partir da proximidade entre José, Jesus e Maria.

A santidade supereminente de José pode ser compreendida, em primeiro lugar, pela superabundância de graças e de perfeição inscrita por Deus em sua alma. "A graça santificante, que nos destina à união sobrenatural com Deus, é tanto mais abundante em uma alma quanto mais intimamente ela esteja unida a Deus no plano sobrenatural. Ora, José, tanto em sua relação com o Verbo encarnado quanto em sua relação com a Mãe de Deus, recebeu uma missão muito particular, que nenhum outro homem jamais recebeu" (A. Michel). Para Ubertin de Casale, a santidade de José provém das graças que Deus lhe concedeu em função de sua missão, enquanto Olivi vê aí um transbordamento da proximidade com Jesus e Maria.

"José foi o esposo de Maria; ele foi reputado pai de Jesus Cristo. Daí advém sua dignidade, seu favor, sua santidade, sua glória. É bem verdade que a dignidade da Mãe de Deus é tão alta que nada pode ser criado acima dela. No entanto, como José esteve unido à bem-aventurada Virgem pelo elo conjugal, é indubitável que ele tenha se aproximado, mais do que todos, dessa dignidade supereminente pela qual a Mãe de Deus eleva-se acima de todas as naturezas criadas" (Leão XIII, enc. *Quamquam pluries*). A santidade de José é superior à de qualquer outro santo. E em primeiro lugar com relação a São João Batista (cf. cap. II). Aqui nos defrontamos com uma dificuldade, quando lemos em Mateus 11, que "entre os filhos das mulheres, não surgiu outro maior que João Batista", o que dá a entender que ele seja, de fato, o maior dentre os santos. Mas Jesus fala de João Batista como sendo o maior santo da Antiga Aliança, da qual ele é o último profeta.

É bem verdade que Santo Tomás de Aquino escreveu, a respeito deles, que "os apóstolos receberam uma graça mais abundante que todos os outros santos, após o Cristo e a Virgem Mãe", em razão da missão deles (ou *Super Romanos*, 8, 5). No entanto, sendo a missão de São José "de uma ordem mais elevada do que aquela dos apóstolos, era-lhe necessária, em virtude do próprio princípio exposto por Santo Tomás, uma abundância ainda maior de graças. 'Algumas missões — escreve Suárez — são da própria ordem da graça santificante, e, nesse sentido, os apóstolos ocupam o patamar mais elevado: por isso, foi-lhes necessário maior número de auxílios gratuitos que aos outros santos, sobretudo no que diz respeito aos dons dados gratuitamente e à sabedoria. Mas há outras missões restritas à ordem da união hipostática, em si mais perfeita, tal como vemos claramente na maternidade divina da bem-aventurada Virgem Maria, e é a esse tipo de missão que pertence o ministério de São José'. Sem querer tirar conclusões absolutas, o grande teólogo considera que 'não é nem temerário, nem ímpio, mas ao contrário é opinião piedosa e verossímil considerar

São José como o primeiro dos santos em graça e beatitude' (*In Sum. S. Thomae* III, *q. 29, d. 8, s. 1*)" (A. Michel).

Em seu livro *La dévotion de Saint Joseph* [A devoção a São José], Pierre de Sainte-Marie garante que "São José foi um santo universal, um santo que abarca toda espécie de santidade, de toda ordem e condição; e que desde o cetro do rei até o cajado do camponês, desde o mais alto cedro até o mais humilde hissopo, não há ninguém [...] que não possa ser acolhido sob sua sombra".

O chanceler da Universidade de Paris, Gerson, em um sermão pregado diante dos padres do Concílio de Constança, sustentou a tese de que São José fora santificado no seio de sua mãe. Muitos teólogos mostram-se de acordo com sua tese, dentre os quais Cornélio a Lápide, Santo Afonso Maria de Ligório, São Francisco de Sales, etc. É também o caso de Dom Maréchaux, que afirma que José foi "santificado desde o ventre de sua mãe, por uma graça excepcionalmente obsequiosa, como fora o caso de João Batista. É legítimo pensar que essa latente infusão de luz e de graça se enquadra na harmonia das altas dignidades às quais Deus os predestinara" (*Élévations sur saint Joseph*). Dom Démaret conta, entre os obséquios divinos em favor de São José, sua santificação no seio de sua mãe — no entanto as Escrituras só mencionam esse privilégio da santificação anterior ao nascimento no caso de João Batista e do profeta Jeremias.

A santidade de São José deriva, entre outras razões, de seu contato diário com Jesus e Maria. Com sua esposa, em primeiro lugar: "Se o Espírito Santo chamou José de 'homem justo', quando ele foi escolhido como esposo de Maria, consideremos qual abundância de amor divino e de todas as virtudes nosso santo obteve das conversas e da companhia contínua de sua santa esposa, em quem ele via um perfeito modelo de todas as virtudes. Se uma só palavra de Maria foi suficiente para santificar João Batista e encher Isabel do Espírito Santo, quão alta não devemos imaginar a santidade alcançada pela bela alma de José graças às relações familiares vividas com Maria, durante um período de menos de vinte e cinco anos, segundo a tradição!" (Santo Afonso Maria de Ligório).

José se santifica também graças à presença de Jesus ao lado dele: "Quão benéficas devem ter sido, para o crescimento de José na santidade, todas as relações familiares que ele vivenciou com Jesus Cristo, durante tantos anos passados juntos! Os dois discípulos que iam a Emaús se sentiram incandescidos pelo amor divino, por terem acompanhado o Salvador durante uns poucos instantes e terem-no ouvido falar, de modo que disseram, em seguida: 'Não se nos abrasava o coração, quando ele nos falava pelo caminho e nos explicava as Escrituras?' (Lc 24, 32). Que devemos pensar, então, das chamas da santa caridade que se acenderam no coração de José, durante os trinta anos passados por ele em companhia do Filho de Deus, ouvindo as palavras de vida eterna que saíam de sua boca e observando os perfeitos exemplos de humildade, de paciência e obediência que ele dava ao mostrar-se pronto a ajudar nos trabalhos e a servi-lo em todos os cuidados da casa? Qual não era o incêndio de amor divino suscitado por todas essas chamas no coração de José, esse coração tão puro de toda concupiscência terrestre!" (Santo Afonso Maria de Ligório, *Sermão para a festa de São José*, 2).

São João Eudes, mostrando a união estreita entre os corações de Jesus, Maria e José, afirma: "Após Deus, São José é o primeiro amor de sua santa esposa e ele ocupa o primeiro lugar em seu coração, pois, sendo Maria inteiramente de José — como a esposa é de seu esposo —, o coração de Maria era de José. E não somente seu coração era dele: se é dito dos primeiros cristãos que eles tinham um só coração e uma só alma [cf. At 1, 14], quanto mais não o podemos dizer da bem-aventurada Virgem e de seu santo esposo: eles formavam uma só alma e um coração por um elo sagrado de amor e de caridade. É, portanto, certo que José tem um só coração com Maria, e por conta disso podemos dizer que, como Maria tinha um só coração com Jesus, José, conseqüentemente, tem um só coração com Jesus e Maria. Assim, como na Trindade adorável do Pai, do Filho e do Espírito Santo, existem três pessoas e um só coração, também assim na trindade de Jesus, Maria e José, há três corações que formam um só coração".

Essa santidade não fez senão crescer com o tempo. Isento de todo pecado atual ao longo de sua vida, destinado como ele era à excelsa missão de guardião da Sagrada Família, e correspondendo inteiramente às graças com as quais Deus não cessava de favorecê-lo, a graça aumentava continuamente em sua alma, tanto mais porque ele respondia a elas maravilhosamente bem, justificando assim seu nome que, como dissemos, significa "Deus acrescentará".

A hipótese de uma concepção imaculada de José

Entende-se por concupiscência, em teologia moral, a inclinação, presente na natureza humana, ao mal, como conseqüência do pecado original cometido por nossos primeiros pais, Adão e Eva.

A despeito de sua santidade, São José foi, inevitavelmente, marcado pelo pecado original. A definição dogmática da Imaculada Conceição de Maria "não diz que esse privilégio singular seja único, contudo, ela dá a entender que tal é o caso. A afirmação dessa unicidade é, no entanto, enunciada de forma explícita na encíclica *Fulgens corona*, de 8 de setembro de 1953, onde o Papa Pio XII fala de 'singularíssimo privilégio, a mais ninguém concedido', excluindo assim a possibilidade, sustentada por alguns, mas sem fundamento real, de atribuí-lo também a São José" (João Paulo II, 18 de junho de 1996).

No entanto, Gerson não hesita em atribuir a São José privilégios semelhantes àqueles de Maria: ele teria sido santificado "desde o seio de sua mãe", como o fora João Batista; ele se teria também beneficiado da assunção de seu próprio corpo ao Céu — ainda que o teólogo o afirme com certa hesitação (Sermão *De Nativitate Virginis Mariae*) (cf. primeiro capítulo).

É na Espanha, principalmente, que nasce a idéia da imaculada concepção de José, sob a influência do Pe. José Domingo Corbató (1862–1913). Para ele, José, pertencendo à ordem da união hipostática (ver p. 147), convém que ele seja isento da mácula original. Para o Padre E. Cantera, a imaculada concepção de José pode ser objeto de uma simples crença privada, já que não é possível demonstrá-la. O Padre Andrés de Ocerín de Jáuregui, O.F.M., baseava a hipótese dessa concepção imaculada na predestinação de São José previamente à queda de nossos primeiros pais, bem como no argumento do pertencimento do santo patriarca à ordem hipostática, e também nos argumentos de excelência, conveniência e autoridade. No entanto a maioria dos teólogos contemporâneos rejeita essa noção. Uma corrente afirma, contudo, que o Papa Pio IX não evocara propriamente um privilégio único de Maria ao definir sua Imaculada Conceição pela bula *Ineffabilis Deus*, em 1854. A tendência seria, preferencialmente, de admiti-la como opinião privada, "pois existem razões para crer na existência desses privilégios", escreve Mons. Luis y Pérez, bispo de Oviedo, em 1925; os privilégios em questão eram "a santificação de José no seio de sua mãe e mesmo sua isenção do pecado original" (fonte: R. Gauthier).

A hipótese de ausência de pecado em José

Da imunidade à concupiscência em São José, deduziu-se sua impecabilidade: "José foi elevado, por virtude de sua qualidade de esposo da Virgem sem mácula, a um estado de tão eminente pureza, que podemos dizer que nele a atração pelo pecado fora extinta, e que por um privilégio resultando de seu casamento com Maria e de sua paternidade de Jesus, ele viveu sem sombra de pecado cá neste mundo. Ele nos mostra, nele, a qual patamar sublime de santidade podemos ser conduzidos quando nossa alma recebe sem interrupção a influência santificadora de Maria. Em suma, Maria glorifica Jesus por sua isenção do pecado, e São José glorifica Jesus e Maria pela impecabilidade na qual ele é estabelecido e na supereminência de suas virtudes" (Dom Gérard, *La Grandeur de saint Joseph*).

"Podemos crer piedosamente que, em São José, santificado no ventre de sua mãe, a concupiscência fora tão perfeitamente neutralizada, que ela lhe permitiu evitar, durante toda a sua vida, o mais mínimo pecado venial, ainda que indeliberado" (Dom Démaret, *Marie de qui est né Jésus*).

O Pe. Lépicier defende a impecabilidade de José fundando-se na pureza perfeita exigida para sua missão (*De Sancto Joseph* 3, 2).

Mas não é possível demonstrar que José tenha recebido esse privilégio. Tudo o que podemos afirmar é que o patriarca fora confirmado em graça desde o instante de seu casamento com Maria. Quanto ao resto, "para evitar na ordem atual da Providência, ao longo de toda a vida, os pecados veniais, mesmo os semideliberados, seria preciso um auxílio perfeitamente extraordinário de Deus, jamais concedido a nenhum homem concebido no pecado, exceto por um privilégio muito especial cuja existência nos é impossível constatar" (Cardeal Billot). Seria mais razoável pensar que São José, "constituído em graça de um modo supereminente (o que não implica necessariamente a impecabilidade perpétua) viu aumentar sem cessar em sua alma, desde a idade da razão, o tesouro sobrenatural de graças que Deus nele havia depositado" (A. Michel).

A virgindade de José

Alguns dos apócrifos afirmam que José fora casado antes de conhecer Maria, e que ele teve filhos, chamados, segundo eles, de "irmãos e irmãs" do Senhor no Evangelho (cf. cap. I).

A tradição oriental deu muito crédito a essa afirmação, precisamente porque ela permite dar uma resposta fácil à questão de seus irmãos e irmãs. Ainda é possível encontrar essa opinião nos livros litúrgicos orientais, sobretudo gregos. Os teólogos latinos a rejeitaram, salvo algumas exceções (Santo Hilário de Poitiers, São Gregório de Tours, o Ambrosiastro).

A tese da virgindade perpétua de José foi apresentada primeiramente por São Jerônimo (*Contra Helvidius*). A maioria dos Padres e escritores eclesiásticos latinos a tomam por coisa certa. A plena castidade de José é afirmada pelos Padres da Igreja, que julgam blasfematória ou temerária a opinião contrária. "O tipo de casamento ao qual o Espírito Santo orienta Maria e José só é compreensível no contexto do plano salvífico e de uma alta espiritualidade. A realização concreta do mistério da Encarnação exigia um nascimento virginal que acentuava o aspecto da filiação divina e, ao mesmo tempo, uma família que pudesse assegurar o desenvolvimento normal da personalidade do Menino. É precisamente em vista da contribuição deles no mistério da Encarnação do Verbo que José e Maria receberam a graça de viver, juntos, o carisma da virgindade e o dom do casamento. A comunhão de amor virginal de Maria e de José, ainda que constituindo um caso totalmente excepcional, vinculado à realização concreta do mistério da Encarnação, foi, no entanto, um verdadeiro casamento" (João Paulo II, 21 de agosto de 1996).

[Um lugar privilegiado em meio aos anjos e aos santos]

> "É bem verdade que a dignidade da Mãe de Deus é tão alta que nada pode ser criado acima dela. Mas, como José esteve unido à bem-aventurada Virgem pelo elo conjugal, não há dúvidas de que ele tenha se aproximado, mais do que todos, dessa dignidade supereminente pela qual a Mãe de Deus ultrapassa, de tão longe, todas as criaturas. O casamento é, com efeito, a sociedade e a união mais íntima de todas, que implica, por sua natureza, a comunhão dos bens entre os cônjuges. Assim, ao oferecer José como esposo à Virgem, Deus lhe deu não somente um companheiro de vida, uma testemunha de sua virgindade, um guardião de sua honra, mas também, por virtude do próprio pacto conjugal, um participante de sua sublime dignidade" (Leão XIII, enc. *Quamquam pluries*).

"O exemplo do Cristo — ele que a tal ponto quis honrar São José nesta Terra, que se colocou sob sua autoridade — deveria excitar por si só, em todas as almas, uma ardente devoção para com esse grande santo. Como o Pai eterno decidira que o lugar a ser ocupado por José nesta Terra seria junto ao divino Filho, Jesus, este então o via como seu pai, e lhe reservava o devido respeito e obediência filiais, durante um período de trinta anos [o que parece ser excessivo, a menos que se coloque o início da vida pública de Nosso Senhor logo após a morte do santo patriarca]. O Evangelho atesta que ele era submisso a Maria e a José: *Erat subditus illis* [cf. Lc 2, 51]; isso significa que, durante todo esse tempo, a única ocupação do Redentor era obedecer-lhes: cabia a José comandar, enquanto chefe dessa pequena família, e a Jesus cabia obedecer, enquanto sujeito; assim, ele não dava nunca nem um só passo, não realizava nenhuma ação, não comia nem dormia, sem as ordens expressas de José [mas nós podemos pensar, quanto a nós, que Jesus tivesse suficiente liberdade de espírito — e mais ainda, suficiente amor — para tomar iniciativas próprias e prestar diversos serviços sem que José ou Maria tivessem de lhos solicitar]. Ele lhe obedecia em tudo e imediatamente. [...] Com freqüência, diz Jean Gerson, Jesus se encarregava de preparar a refeição, lavar a louça, tirar água do poço, varrer a casa. Essa humilde obediência de Jesus Cristo eleva a dignidade de São José acima daquela de todos os outros santos, excetuada a Mãe de Deus" (Santo Afonso Maria de Ligório, *Exortações para se conduzir as almas à devoção a São José*).

José teve para com Jesus "a autoridade, bem como a solicitude e os deveres de um pai. Haverá alguma atribuição paterna que não tenha sido gloriosamente exercida por esse servo fiel e prudente, que o Senhor dispôs para o governo de sua família (cf. Mt 24, 45)? [...] Ele não é somente o amigo do esposo, como João Batista, mas é dele o guardião e o protetor. José o recebe em sua casa; ele o toma em seus braços, preme-o contra seu peito" (Ch. Duport). "Não se deve duvidar: a intimidade, o respeito, a altíssima dignidade no trato de Jesus para com José, como um filho junto a seu pai, ele não renegou nada disso no Céu, mas antes o enriqueceu e completou" (São Bernardino de Siena).

Os teólogos afirmam constantemente a eminência singular de José com relação aos anjos e a todos os santos, incluso aí São João Batista. "Emana dele, incontestavelmente, uma tripla eminência: eminência de títulos e de qualidades, eminência de virtudes e méritos, eminência de intercessão e de mediação. Essa tripla eminência se conclui com uma eminência de santidade e de glória" (Dom Maréchaux, *Élévations sur Saint Joseph* [Elevações sobre São José]).

A Trindade e São José

A imagem do Pai

No Espírito Santo, Jesus obedece a seu Pai conformando-se, em tudo, àquilo que José faz e lhe pede — esse José que ele chama de "pai" sobre a Terra. "Quanto mais o Filho obedece, com esse amor cheio de humildade que lhe é característico, mais o humilde José é como que projetado rumo a uma grandeza singular, única na história dos homens: ele se faz como a imagem do Pai" (A. Doze).

Monsieur Olier escreverá nesse sentido que o Pai, "tendo escolhido esse santo para fazer dele, sobre a Terra, sua imagem, deu-lhe similaridade com sua natureza invisível e oculta e, vejo eu, este santo está para além da possibilidade de compreensão dos espíritos dos homens".

O Espírito Santo e São José

A anunciação de José produz uma transformação interior: "José, pelo dom do Espírito, que ele acolheu em seu espírito unido ao espírito da Virgem, sua esposa, torna-se, espiritualmente e sobrenaturalmente, o pai dos vivos, pai do Cristo e de seu corpo que é a Igreja. Não se trata de um simples patronato moral, mas de uma real paternidade, embora não corpórea. Sua graça de paternidade, absolutamente única, é estar ligado de forma indissolúvel à sua esposa, dividindo com ela seu amor divino de Mãe para com o Cristo e para com todos aqueles que são regenerados no Espírito do Cristo" (Manteau-Bonamy).

O amor de Maria e de José convém à missão do Espírito: "O amor conjugal desse casal, no qual já estava 'concebido' o Filho deles pela vontade divina que os havia levado a se amarem assim, convinha perfeitamente à missão do Espírito Santo.

É por meio da vontade ativa da maternidade virginal de Maria — vontade sobrenatural ainda oculta a seus olhos — que o Espírito Santo vem, quando da Anunciação, e eleva essa vontade até a fonte da divina fecundidade que o define a ele mesmo — ele que é Amor. Mas não se trata, em Maria, de um amor isolado, individualista, que é utilizado pelo Espírito Santo no dom que ele lhe faz do Cristo, dando-se ele próprio a ela. Ela tem um amor conjugal autêntico com José" (Id.).

Cooperador da Encarnação do Verbo

A união hipostática é a "união da natureza divina e da natureza humana, na unidade da pessoa, ou hipóstase, do Cristo, sendo que cada uma dessas duas naturezas conserva suas características próprias. A união hipostática da natureza humana do Cristo com o *Logos*, 'Verbo divino', se produz no momento da concepção do Filho de Deus no seio da Virgem Maria. Ela não se interrompeu com a morte do Cristo na Cruz: somente sua alma se separou de seu corpo, mas a divindade não se separou da humanidade do Senhor" (D. Le Tourneau).

"Se observamos de perto, vemos que a missão de São José ultrapassa a própria ordem da graça, e que ela conduz forçosamente, por seu termo, à ordem hipostática constituída pelo próprio mistério da Encarnação. Mas é necessário bem compreender isso, evitando qualquer exagero ou redução. A missão única de Maria, a maternidade divina, conduz à ordem hipostática, e também assim em um certo sentido a missão oculta de José. Esse ponto de doutrina vai sendo afirmado cada vez mais explicitamente por São Bernardo, por São Bernardino de Siena, pelo dominicano Isidoro de Isolanis, por Suárez, e por diversos autores recentes.

São Bernardo diz, quanto a São José: 'Ele é o servo fiel e prudente que o Senhor constituiu como o apoio à sua Mãe, como pai nutrício de sua carne, e como único cooperador fidelíssimo, sobre a Terra, do grande desígnio da Encarnação' (*Homilia* II *super Missus est*). São Bernardino de Siena escreveu: 'Quando Deus escolhe, por graça, alguém para uma missão muito elevada, Ele lhe concede os dons necessários para tal missão. Isto se verificou de modo eminente em São José, pai nutrício de Nosso Senhor Jesus Cristo e esposo de Maria' (*Sermo I de S. Joseph*). Santo Isidoro de Isolanis classifica a vocação de José como superior à dos apóstolos; ele observa que o propósito deles era pregar o Evangelho, iluminar as almas e reconciliá-las, mas a vocação de José é mais imediatamente relativa ao próprio Cristo, porque ele é o esposo da Mãe de Deus, o provedor e defensor do Salvador (*Summa de Donis Sancti Joseph*)" (Garrigou-Lagrange).

São José e a contemplação

"Dado que o amor 'paterno' de José, o contemplativo, não podia deixar de influenciar o amor 'filial' de Jesus e que, inversamente, o amor 'filial' de Jesus não podia deixar de influenciar o amor 'paterno' de José, como fazer para reconhecer, em profundidade, essa relação tão particular? As almas mais sensíveis aos movimentos do amor divino vêem, com razão, em José, um exemplo luminoso de vida interior. Ademais, a aparente tensão entre a vida ativa e a vida contemplativa é transcendida, em José, de maneira exemplar, o que é possível para quem possui a perfeição da caridade. Segundo a conhecida distinção entre o amor da verdade (*charitas veritatis*) e a exigência do amor (*necessitas charitatis*) (Santo Tomás de Aquino, *Suma teológica* II-II, q. 182, a. 1, ad. 3), nós podemos dizer que José experimentou tanto o amor da verdade, ou seja, o puro amor de contemplação da Verdade divina que irradiava da humanidade do Cristo, quanto a exigência do amor, ou seja, o amor, também ele puro, do serviço prestado, necessário para a proteção e o desenvolvimento dessa mesma humanidade" (João Paulo II, *Redemptoris custos*, nº 27).

A graça específica do casamento, que no caso da Virgem Maria e de José demandou a renúncia carnal, "encheu-lhes de clareza do Espírito Santo. As conversas deles têm Deus por objeto;

suas ternuras, também Deus; a preocupação cotidiana deles é uma só: Deus. E quando seus corações transbordam de um ao outro, Maria tem o sentimento necessário de só ser amada em função de Deus. Ela percebe um sulco de ternura partindo do coração de José, passando bem próximo a ela e dirigindo-se a Deus. [...] Mas esse fluxo não pára nela, ela não é o fim do percurso. Ela se compraz no sentimento de que José não faz nada por ela, mas por Deus" (Claude Quinard).

> **Você sabia?**
>
> REZAR A SÃO JOSÉ NO COTIDIANO
>
> *O Pe. Patrignani recomenda que se dedique "cada dia da semana a um dos sete gloriosos privilégios de São José: no primeiro dia, honrá-lo enquanto esposo de Maria; no segundo, como pai adotivo de Jesus; no terceiro como virgem puríssimo; no quarto, como vigário e tenente do Pai eterno; no quinto, como chefe e protetor da Sagrada Família; no sexto, como o mais afortunado dos homens em sua vida e sua morte; no sétimo, como o mais elevado de todos os santos no Céu".*

As virtudes de São José

O santo patriarca aparece como um modelo de todas as virtudes, pois "ele era justo, ou seja, ornado de todas as virtudes, sem nenhuma mancha" (São Bernardino de Siena, *Sermão de S. José*). Para Eusébio de Cesaréia, "neste santo admirável, notava-se uma grande liberdade de espírito, um pudor incomparável, uma prudência igual à sua modéstia. Ele era particularmente notável por sua piedade, e atraía a atenção por sua extraordinária beleza" (*Preparação evangélica* 7, 3). São José é, "de todos os homens, o mais puro na virgindade, o mais profundo na humildade, o mais ardente no amor de Deus e na caridade, o mais elevado na contemplação, o mais atento no serviço da Virgem, sua esposa" (Ubertin de Casale).

São Paulo VI vê em São José aquele que "nos introduz ao Evangelho das bem-aventuranças: nós vemos nele uma docilidade, uma prontidão excepcional a obedecer. [...] Ele se submete plenamente à palavra que o conduz [...] a um nível extraordinário de pureza e de sublimidade, muito superior a toda aspiração humana. [...] Aproximemo-nos, também nós, com a devoção de uma criança — como alguém da casa — da porta daquela humilde oficina em Nazaré. [...] Não há vida que não seja perturbada por diversos perigos, tentações, fraquezas e quedas. José, silencioso e bom, fiel, manso, forte e invicto... Com ele nós aprendemos o que é preciso ser feito" (Homilia, 19 de março de 1968).

Demoremo-nos um pouco em algumas das inumeráveis virtudes do santo patriarca. Primeiramente, podemos deduzir dos relatos evangélicos que José era um homem muito religioso, íntegro, diligente, obediente, manso, ternamente apegado a Jesus e a Maria. Qualificado como "homem justo" por são Mateus (1, 19), sua justiça, mesmo se tomada no senso restrito de uma observância fiel à Lei, é acompanhada por prudência, caridade, mansidão, paciência, fé e obediência.

"Ele não é apenas um patriarca, mas o paraninfo de todos os patriarcas; ele não é simplesmente confessor, mas mais do que confessor, pois nesta categoria incluem-se as dignidades de bispos, a generosidade dos mártires e de todos os outros santos. É com razão, portanto, que ele é comparado à palmeira, rainha entre as árvores, e que tem a propriedade da virgindade, da humildade, e da constância e valentia: três virtudes nas quais o glorioso São José se sobressai. Se ousássemos fazer comparações, haveria quem dissesse que ele ultrapassou todos os outros santos nessas três virtudes" (São Francisco de Sales).

"Examinai o quanto queiram suas prerrogativas: dizei para vós mesmos que, tendo José sido destinado, por uma vocação especial, ao mais nobre ministério que jamais existiu, ele reuniu em sua pessoa aquilo que estava repartido entre os outros santos; que ele teve as luzes dos Profetas, para conhecer o segredo da Encarnação de um Deus; que teve a diligência amorosa dos Patriarcas, para alimentar um Homem-Deus; a castidade das Virgens para viver com uma Virgem Mãe de um Deus; a fé dos apóstolos, para adivinhar, na humildade aparente de um homem, as grandezas escondidas de um Deus; o zelo dos Confessores, e a força dos Mártires, para defender e salvar a vida de um Deus, ao risco de sua própria vida. Dizei tudo isso, senhores; mas eu vos responderei com uma só frase; 'José, seu esposo, era justo'" (J. Richar, *Elogios Históricos de los Santos*; 1780). Alguns já disseram que "José é o único santo que tenha praticado as virtudes próprias a todos os estados e a todas as condições [além da Virgem Maria, evidentemente]; e é por isso que ele obteve a prerrogativa de ser o único santo que pudesse interceder pelas pessoas de toda condição e de todo estado. Nesse sentido, podemos dizer que Deus lhe deu o direito de abençoar todas as nações. *Benedictionem omnium gentium deditilli* (Eclo 44, 25).

José pertencia à raça real, mas foi obrigado a viver do trabalho de suas mãos. É a ele, portanto que devem recorrer tanto os ricos quanto os pobres, tanto os nobres quanto os plebeus.

Ele esteve unido pelos liames de um legítimo casamento; mas, no casamento, conservou a mais pura e perfeita virgindade. É, portanto, a ele que devem recorrer as pessoas que fizeram voto de virgindade, e também aquelas que vivem no estado de matrimônio. [Ele foi leigo], mas tendo tido a honra de carregar em seus braços e de oferecer a Deus, com os mais puros sentimentos de religião, o corpo santíssimo de Jesus Cristo, ele exerceu o mais nobre e o mais augusto dos sacerdócios. É, portanto, a ele que devem recorrer os leigos e sacerdotes, eclesiásticos e seculares.

Sim, Deus lhe deu o poder de abençoar todas as tribos da Terra. E, com efeito, não há reino que não o tenha como protetor, não há família que não o tenha como guardião, não há cristão que não o tenha por advogado; em seu nome, unido àquele de Jesus e de Maria, está a confiança, a consolação, o mel, a doçura de todos os lábios cristãos" (P. Ventura, *Homélies sur les paraboles* 19).

Em seu sermão *Quaesivit sibi Deus virum iuxta cor suum*, Bossuet abordará o tema das virtudes ocultas e interiores, aquelas que "não vêm a público, nas quais tudo se passa entre Deus e o homem; são aquelas virtudes que não somente não são acompanhadas, mas não são sequer percebidas. [...] É nesse segredo que consiste todo o mistério da virtude verdadeira". Essas três virtudes ocultas do justo José são a simplicidade, o desapego e o amor da vida oculta. José aparece como o modelo de todas as condições humanas.

A fé de São José

Tão logo o anjo lhe anuncia que a criança que Maria esperava vinha de Deus, José se curva ao desígnio divino humildemente e não busca as razões desse prodígio. José crê sem a menor hesitação, sem o mínimo atraso, executando, já desde o despertar, as ordens do anjo, tal como ele ordenara (Mt 1, 21). Nisso ele ultrapassa a fé de Abraão (ver cap. II), explica Bossuet, pois Abraão creu unicamente na concepção por uma mulher estéril, ao passo que José creu na concepção por uma virgem. José não é testemunha dos milagres de seu filho. De Jesus ele não conhece senão as fragilidades da natureza humana. Ele o viu pequenino e frágil, tributário de seus pais em todas as suas necessidades, trabalhando a seu lado como um simples artesão, etc. Esse sem número de rebaixamentos, de fragilidades e de impotências não abalou nem por um só instante sua fé. Uma fé que foi, a um só tempo, excepcionalmente firme e excepcionalmente extensa e esclarecida.

Podemos dizer que o que José fez o uniu de uma maneira muito especial à fé de Maria: ele aceitou como uma verdade proveniente de Deus aquilo que ela já aceitara no momento da Anunciação. O concílio diz: "A Deus que revela é devida a 'obediência da fé'; pela fé o homem se entrega total e livremente a Deus oferecendo 'a Deus revelador o obséquio pleno da inteligência e da vontade' e prestando voluntário assentimento à Sua revelação". Essa frase, tocando a essência mesma da fé, aplica-se perfeitamente a José de Nazaré.

"Ele tornou-se, pois, de um modo singular, o depositário do mistério 'oculto desde a eternidade em Deus' (cf. Ef 3, 9)" (exort. ap. *Redemptoris custos*, nº 4–5).

Na noite de Natal, José, tomando o recém-nascido em seus braços, não hesita ao reconhecer, nele, o Filho de Deus. "Ele reconhece nesse recém-nascido [...] a Sabedoria incriada desse

Verbo que o Pai pronuncia em um Hoje eterno. Sua fé rompe as aparências e penetra a própria divindade... Ao mesmo tempo que ele adora, confirma-se nele a consciência do ministério que ele deverá exercer: Deus lhe confia seu Filho, colocando-o sob sua guarda" (M. Gasnier).

A esperança de São José

Essa virtude "permitiu que ele se preservasse contra dois extremos diametralmente opostos, a presunção e o desespero: a presunção, que teria podido tentá-lo em razão dos favores com os quais o Céu o cobria; o desespero, que teria podido soterrá-lo em vista das tribulações que o afligiam sem cessar. Mas, se a confiança em Deus o impedia de cair em um estado de pusilanimidade que teria podido prejudicá-lo, ela o fazia entrever, ao mesmo tempo, a prontidão do divino, que não o abandonaria jamais" (Cardeal Lépicier).

São José dá, talvez, sua maior prova de esperança ao aceitar a missão de tomar conta de Jesus e de Maria, sua esposa. Aí está o princípio da confiança, da serenidade, de que São José deu prova em todos os momentos de sua vida, especialmente quando o anjo lhe pede que tome a criança e sua mãe e fuja para o Egito, numa terra desconhecida na qual serão, também eles, desconhecidos. Se José age com tamanha prontidão e simplicidade, é porque ele conta com a certeza de que Deus velará sobre ele e sobre o depósito duplamente precioso que lhe é confiado.

A caridade de São José

José amava a Deus, primeiramente, e com todo seu coração, com todo seu espírito, com todas as suas forças. Em segundo lugar ele amava sua alma, desejando constantemente torná-la mais semelhante a seu divino autor; em terceiro lugar estava seu próximo, a quem ele amava como a si mesmo; e enfim seu próprio corpo, que ele via como o instrumento das boas obras por ele realizadas. No que diz respeito ao amor de Deus e do próximo em São José, "é preciso notar quanto esse amor crescia em intensidade, nele, pelo fato de que esses dois amores para com Jesus se concentravam em uma mesma pessoa, já que Jesus é Deus e homem juntos. Assim, portanto, ao amar Jesus, ele amava, em um só ato — como também o fazia Maria —, seu Criador, seu Filho e seu Salvador, esses três amores se reunindo para formar uma só chama, de calor e esplendor incomparáveis" (Cardeal Lépicier).

O amor que ele tinha para com Maria e Jesus não podia, em José, formar um obstáculo ao amor de Deus. Com efeito, "o amor natural e o amor divino, o amor de seu filho e o amor de seu Deus têm um só e mesmo objeto. Nele a natureza e a graça, longe de lhe dividirem sua afeição, as reúnem e as inflamam ainda mais. Nele, o zelo familiar é um gesto de piedade. Pai feliz, que pôde amar seu filho desmedidamente sem amá-lo demais; que pôde tudo dar a seu filho sem nada tirar de seu Deus; que pôde reunir em harmonia os fogos do Céu e aqueles da Terra! Ó pai uma vez mais feliz, em quem não foi preciso corrigir — como é o caso dos outros pais — a impetuosidade do amor!" (Billuart, *Panegírico de São José*, 1830).

A obediência de São José

Essa virtude brilha como as outras neste santo patriarca. "*Exsurgens autem Ioseph a somno*... Despertando, José fez como o anjo do Senhor lhe havia mandado e recebeu em sua casa sua esposa (Mt 1, 24). A obediência de São José foi: 1) ordenada: trata-se primeiramente de abandonar os vícios para adquirir, em seguida, as virtudes, e é por isso que é dito *exsurgens a somno*; 2) cheia de prontidão: ele fez imediatamente o que o amor lhe solicitara. Demorar seria de certa forma preferir nossa vontade àquela do Senhor, e talvez já se fizesse tarde demais para fazer o que nos era ordenado, quando enfim quiséssemos obedecer; 3) perfeita: ele fez aquilo que o anjo lhe pedia, e do modo como ele lhe indicava, conformando-se àquilo que ele havia prescrito, não apenas quanto à execução da coisa, mas também quanto às outras circunstâncias de tempo, lugar, modo; 4) prudente: ele obedece àquele que ele devia obedecer, a saber, ao anjo" (Santo Tomás de Aquino, *Super Matthaeum*).

"José está devidamente resignado à vontade do Pai Eterno, que queria que seu Filho começasse, já desde a infância, a sofrer para expiar os pecados dos homens; mas seu coração terno e amoroso não podia deixar de sentir uma viva pena ao ouvir Jesus chorar por causa do frio e dos outros incômodos que ele sofria" (Santo Afonso Maria de Ligório).

[Um exemplo de obediência]

Quanto à fuga para o Egito, São João Crisóstomo declara: "Assim, pois, o anjo surge e fala, não com Maria, mas com José: 'Levanta-te, toma o menino e sua mãe'. Ele não mais diz como outrora: 'Toma tua esposa', mas 'toma a Mãe de Jesus'. O nascimento já ocorreu, não há mais dúvida possível no coração de José, o esposo fora confirmado em sua fé. O anjo pode falar-lhe abertamente. É por isso que ele lhe diz claramente: 'Toma o menino e sua mãe e foge para o Egito', e ele explica o motivo: 'Porque Herodes vai procurar o menino para o matar'.

"José não se escandaliza com essa ordem inesperada e não diz, absolutamente, ao anjo: 'Que curioso! Antes tu me dizias que esse Menino salvaria seu povo, e ele agora é incapaz de se salvar a si próprio; eis-nos obrigados a fugir e a nos expatriar: os acontecimentos são contrários à tua promessa'. Ele nem sequer pensa em se exprimir dessa maneira, mas obedece em silêncio. Não lhe ocorre tampouco buscar se informar quanto à data de retorno desse exílio, ainda que o anjo se tenha expressado em termos muito vagos: 'fica lá até que eu te avise'. Movido pelo zelo, ele obedece sem tardar e enfrenta com valentia essa viagem e todos os seus imprevistos.

"Deus, em sua bondade, mistura alegria e tristeza nesse encontro. Tal é a sua conduta junto aos santos: ele não permite que eles permaneçam continuamente sob perigo ou continuamente em segurança; os bens e os males se alternam na vida dos justos. E tal é o destino de José. Ele vê primeiramente sua esposa grávida; isso o perturba e o angustia, por conta de uma suspeita horrível. Em seguida vem o anjo imediatamente, dissipando-lhe a suspeita e libertando-o de seus temores. Dá-se a seguir o nascimento, com a alegria que ele traz; alegria muito efêmera, que logo se dissipa com a apreensão dos perigos que se aproximam: a cidade se revolta e o rei raivoso busca matar o Menino. Essa reviravolta é logo temperada com a alegria provocada pela estrela e a adoração dos magos. Seguem-se, então, novas inquietudes: Herodes quer acabar com a vida do Menino, e o anjo instrui José para que fuja e se exile, agindo, pois, segundo a condição humana, pois ainda não chegara o tempo de operar milagres".

A beleza de São José

"A beleza de que o Céu o havia dotado era admirável, pois se aproximava muito da beleza de Jesus, milagre dentre as belezas; e também porque a bondade de Deus se servia da semelhança entre Jesus e José, nos traços do rosto, em sua graça exterior, sua simetria, e em outras excelentes disposições de seus corpos, para fazer crer aos judeus que ele era verdadeiramente filho de José" (Jacquinot, *La gloire de Jésus*).

"A beleza de Davi foi transmitida a todos seus descendentes; a Escritura o indica, mesmo quando seus filhos se servem dessa perigosa beleza para um uso criminoso. [...] Filho de Davi, casado com a mais bela dentre as mulheres, eleito por Deus para tornar-se o pai virginal da mais bela dentre as crianças, quem poderia duvidar que José recebera essa herança de sua raça? Ele devia ser dotado de uma beleza jovem, forte, cândida" (P. Buzy).

A força de alma em São José

Vemos que o santo patriarca é constantemente sustentado pela virtude da força. Ele suporta com paciência e longanimidade as diferentes provações às quais se vê submetido: a incerteza quanto ao estado moral de sua esposa bem-amada, os temores da morte — de Jesus, mas também sua própria e de Maria — quando da perseguição de Herodes, a preocupação suscitada quando o Menino permanece em Jerusalém. As litanias de São José o invocam assim: *Joseph fortissime, ora pro nobis*.

A humildade de São José

Essa virtude tão essencial brilha, em José, com grande luminosidade. José é levado, por diversas vezes, a agir com humildade. "Ele deu prova de humildade ao aceitar sem murmuração, com uma perfeita conformidade à vontade divina — ele cujos ancestrais haviam outrora reinado sobre Israel —, a decadência de sua família, a situação obscura de simples trabalhador autônomo. Ele deu prova de humildade ao aceitar, com alegria, uma existência pobre e oculta. Ele se mostrou humilde ao ficar perplexo com a escolha feita por Deus, quando o Senhor o solicita para cooperar com o cumprimento de seus desígnios misericordiosos. Ele a mostra, sua humildade, sobretudo ao esconder com zelo as grandes graças que recebera e a gloriosa missão que lhe fora confiada" (Enfantin, *Le mois de saint Joseph*).

A humildade nos conduz ao desapego das paixões: "Certamente São João Crisóstomo tem razão em admirar, aqui, a filosofia de José. Ele era, diz Crisóstomo, um grande filósofo, perfeitamente desapegado de suas paixões, pois o vemos vencer a mais tirânica de todas elas. A que ponto é mestre de seus próprios movimentos um homem que, vivendo em seu estado, é capaz de tomar conselho — e um conselho moderado — e que, ao tomá-lo, pode ainda postergar sua execução, dormindo um sono tranqüilo em meio a esses pensamentos? Se sua alma não fosse serena, podeis crer que as luzes do alto não teriam descido tão prontamente. Não há dúvidas, portanto, meus irmãos, de que ele era muito bem desapegado de suas paixões, tanto daquelas que encantam por sua doçura quanto daquelas que nos arrastam por sua violência" (Bossuet, *2º Panegírico de São José*).

Essa humildade de José também o conduzia a morrer para si mesmo: "Sepultado com Jesus Cristo e a divina Maria, essa morte não o incomodava nem o entediava, pois, graças a ela, ele vivia com o Salvador. Pelo contrário, não era essa morte que lhe suscitava temores, mas antes o ruído do mundo, a vida do século que vinha perturbá-lo, ou interromper esse repouso discreto e interior. Mistério admirável: José possui, em sua casa, o suficiente para atrair os olhares de toda a Terra, e o mundo não o conhece; ele possui um Deus Homem, e nada diz a esse respeito; ele é testemunha de um tão grande mistério e o experimenta em segredo, sem divulgá-lo" (Ibid.).

"O fundamento da adoração de José era a humildade. Seu olhar fixava-se sempre sobre sua própria indignidade. Sua humildade parece sempre surpreender-se com os dons que lhe eram concedidos e, no entanto, ela é serena, e nada há nela que traga aquele traço precipitado e deselegante que a surpresa pode conter. [...] São José se aproxima de Jesus recém-nascido, a fim de adorá-lo antes de dar-lhe ordens... Constantemente ocupado com o pensamento e com a dignidade de seu ofício, ele se escondia com o mais profundo respeito nos mais baixos sentimentos de sua própria abjeção. [...] A humildade de São José foi, durante toda a sua vida, mantida pela função que lhe era confiada, de dar ordens a Jesus e de ser o superior de seu Deus" (Faber).

A humildade faz acompanhar-se pelo espírito de serviço: "José é para sempre servidor de Jesus e Maria: o servidor de Jesus em Maria e o servidor de Maria por Jesus. Tal é a devoção que ele teve por eles, ou seja, a devoção ilimitada com a qual ele lhes serviu, e o culto que ele lhes prestou sem cessar" (P. Joseph de Sainte-Marie).

A presença de uma tal humildade em São José é a razão pela qual ele merece ser altamente glorificado e honrado.

A pureza de São José

Santo Agostinho desenvolve longamente o argumento da paternidade de José para com Jesus e de sua castidade: "Assim como havia entre ela [Maria] e José um verdadeiro casamento, sem que a luxúria aí tomasse a mais mínima parte, por que, pois, o filho que a virgindade de Maria produziu não seria recebido como um filho pelo casto José? Ele é casto esposo como ela é casta esposa; por que, pois, ele não seria pai, virgem como é, assim como Maria mereceu ser mãe, sem deixar de ser virgem? Aquele, portanto, que insinua que não se deve dar a José o nome de pai, porque ele não gerou esse filho, busca, na geração das crianças, a satisfação da concupiscência, e não a ternura da afeição. José cumpria muito mais perfeitamente em seu coração aquilo que outros desejam cumprir de um modo carnal. [...] Por que podemos dizer que ele é pai? Ele o é em um sentido tanto mais verdadeiro quanto maior é sua virtude de castidade. Provavelmente acreditava-se que José era pai de Nosso Senhor Jesus Cristo de um modo totalmente diferente, ou seja, como o são os pais naturais, que não podem engendrar por meio apenas da afeição espiritual. Eis porque São Lucas diz: 'era tido por filho de José'. O Senhor não era absolutamente filho de José segundo a natureza, ainda que assim se cresse e, no entanto, graças à piedade e à caridade de José, nasceu-lhe da Virgem Maria um filho, que é ao mesmo tempo o Filho de Deus" (*Sermão 51*).

E São Leonardo de Porto Maurício comenta a emoção sentida por Maria quando da vinda do arcanjo São Gabriel. "Como! Maria se vê perturbada diante da presença de um habitante do Céu; quem será capaz, então, de não amedrontar uma alma assim tão prudente? Pois será São José". Ao acolher José como esposo, Maria "mostrou que ela tinha uma maior confiança — se isso é possível — na reserva e no respeito de São José, do que na reserva e no respeito de um anjo que, para se manifestar diante dela, tivera de revestir-se da forma humana".

A fidelidade de José

Bossuet nos lembra que "quando Jesus entra em algum lugar, ele aí entra com sua cruz, carregando consigo todos os seus espinhos e contando de sua Paixão a todos os que ele ama". Após ter evocado as condições do nascimento de Jesus e a fuga para o Egito, ele pergunta: "Será que isso é suficiente para provar a fidelidade de José? Cristão, não credes; eis aqui mais uma estranha provação. Se não há homem capaz de atormentar o santo patriarca, Jesus torna-se, ele próprio, seu atormentador: escapa habilmente de suas mãos, furta-se à sua vigilância, e desaparece durante três dias. [...] Vede, fiéis, quais são os sofrimentos por meio dos quais Jesus prova a fidelidade dos seus, e como ele só quer estar em companhia daqueles que sofrem" (*Panegírico de São José*, 1660).

A prudência de São José

"A prudência de São José faz parte de nossa fé católica. Ela se manifesta particularmente em seu notável silêncio. Se o Evangelho não contém nenhuma palavra de José, [...] é para nos ensinar que, se quisermos praticar a virtude da prudência, devemos começar por praticar o silêncio.

[...] São José nos ensina que a prudência é o conhecimento correto das coisas a serem feitas, e, de um modo mais amplo, o conhecimento das coisas que devem ser feitas e daquelas que devem ser evitadas" (Pe. John A. Hardon, s.j., *Saint Joseph, Foster Father of Jesus* [São José, Pai Adotivo de Jesus]).

José teve a chance de exercer essa virtude por mais de uma vez, em circunstâncias bastante delicadas: quando ele decide repudiar secretamente sua esposa por conta da gravidez inesperada, no momento do retorno do exílio do Egito e da escolha de seu lugar de residência, e quando do reencontro de Jesus no Templo.

A paciência de São José

Ser paciente é "suportar sem queixa nem recusa, os males que se nos apresentam, por mais prolongados que sejam". É também, segundo Santo Tomás de Aquino, reagir vitoriosamente contra a tristeza ocasionada pela pressão atual do mal, bem como manter, em seguida, uma santa alegria em seu coração: "Quão paciente foi, sob esse ponto de vista, São José! [...] Ele buscava constantemente tomar para si todas as penas e as angústias, e nada transmitir a Maria e a Jesus. Sua paciência era um escudo que amortecia todos os impactos dos ataques inimigos: sua vocação, sua alegria consistia em se imolar cotidianamente em prol de Jesus e de Maria" (Santo Afonso Maria de Ligório).

A pobreza de José

"Diante do Rei dos Céus, trêmulo sobre a palha, sem outra linguagem — como todo homem recém-chegado neste mundo — além de suas lágrimas: *et primam vocem similem omnibus emisi plorans*, 'nos mesmos prantos soltei o primeiro grito' (Sb 7, 3), Maria e José viram, em uma luz interior que iluminava o próprio aspecto das realidades materiais, que a criança mais coberta de bênçãos de Deus não é necessariamente aquela que nasce em meio às riquezas e ao bem-estar" (Pio XII, *Superiore anno*).

Ainda que dispondo de poucos bens materiais, José vive feliz e contenta-se com sua condição. Jamais o vemos buscando tirar vantagem de seu título de descendente de Davi: "Bastava-lhe ser aquilo que Deus quisera que ele fosse. [...] No entanto sua pobreza nada retirava à sua nobreza, [...] mas fazia dele um príncipe privilegiado da primeira bem-aventurança. [...] Ele era aquele justo que seu ancestral cantara, acompanhado pela harpa" (M. Gasnier).

Do desapego de São José: "Aprendamos, ó cristãos, pelo exemplo de São José, a vencer esses encantos que nos seduzem, e essas violências que nos arrastam a alma. Vede como ele é desapegado de suas paixões; já que ele pode vencer sem resistência, em meio aos encantos mais sedutores, às paixões mais violentas; quero dizer o amor e a inveja. [...] Ele era [segundo São João Crisóstomo] um grande filósofo, perfeitamente desapegado de suas paixões, pois o vemos vencer a mais tirânica de todas elas. [...] Ele vai, no entanto, sem se preocupar, sempre errante, sempre nômade, simplesmente porque está em companhia de Jesus Cristo; extremamente feliz em possuí-lo a um tal preço. Ele se estima ainda mui rico, e faz, todos os dias, novos esforços para esvaziar seu coração, a fim de que Deus ali amplie suas posses, que dilate seu reino. É abastado, pois nada possui; possuidor de tudo, porque tudo lhe falta; feliz, tranqüilo, seguro, pois ele não encontra nem repouso, nem morada, nem consistência. Eis o último efeito do desapego de José — aquele que devemos notar com a força de uma reflexão mais séria. Pois nosso vício mais comum, e o mais oposto ao cristianismo, é uma infeliz inclinação a nos estabelecermos nesta Terra" (Bossuet, *2º Panegírico de São José*).

A simplicidade de São José

José "se abandona a Deus na simplicidade, e executa, sem questionar, tudo aquilo que Deus lhe ordena. Com efeito, uma obediência que quer examinar as causas de uma ordem é por demais curiosa e intrometida. [...] Mas essa obediência de José vinha do fato de que ele acreditava com simplicidade, e que seu espírito não chancelava entre razão e fé, mas seguia com uma intenção reta as luzes que lhe vinham do alto" (Bossuet, *2º Panegírico de São José*).

A *ciência de José*

A ciência adquirida foi, no caso do santo patriarca, exatamente o que é para nós, ou seja, o resultado da atividade de sua inteligência e da instrução recebida através de seus pais e mestres.

José foi agraciado com a ciência infusa comunicada diretamente por Deus à sua alma por diversas ocasiões, como por exemplo quando o anjo o convidou a guardar Maria como sua esposa, a despeito de sua gestação; também quando o aconselhou a fugir para o Egito, e em seguida retornar a Israel, e retirar-se na Galiléia; e ainda para introduzi-lo mais profundamente no conhecimento dos mistérios celestes referentes à Encarnação do Verbo, nos quais ele próprio tinha parte, e uma parte importante.

Quanto à visão beatífica, própria aos eleitos, é preciso excluí-la. Mas "será que podemos crer que, ao menos, em certos momentos de sua vida, São José viu a Essência divina, de uma maneira transitória, por um privilégio semelhante àquele que, na opinião de Santo Tomás, receberam Moisés e São Paulo?", pergunta-se o Cardeal Lépicier. Ele responde que "não, por conta do silêncio das Escrituras a esse respeito, e porque um tal privilégio não era necessário para sua missão, muito diferente daquela de Moisés e de São Paulo".

São José e o trabalho

Jesus "foi para a sua cidade e ensinava na sinagoga, de modo que todos diziam admirados: 'Donde lhe vem esta sabedoria e esta força miraculosa? Não é este o filho do carpinteiro?'" (Mt 13, 54–55). Essa passagem alude à atividade profissional de José. A tradição nos ensina que ele era carpinteiro. Essa palavra, do grego *tektôn*, compreendia na realidade muitas habilidades técnicas, como a de artesão, por exemplo. Quanto àquilo que era fabricado na oficina de Nazaré, o Pe. Schwelm deu precisões muito pertinentes: "Podemos imaginar as encomendas que lhe eram feitas ao conhecermos o tipo de trabalho de marceneiro-carpinteiro que se realizava entre os judeus àquela época; vigas para sustentar as sacadas que coroavam as casas; jugos, barras de tração e aguilhões para os criadores de gado; camas, cofres, assentos, cômodas; sovadores para as cozinheiras, caixas porta-notas para os escribas, os comerciantes, os rabinos. São essas, com efeito, as diversas produções que a *Mischna* nos revela serem executadas pelos carpinteiros" (*Science Sociale*, março de 1909).

O fato de os judeus se referirem expressamente ao trabalho de José, considerado um homem justo, indica que suas qualidades de trabalhador eram reconhecidas e apreciadas. José é um trabalhador honesto que se esforça para viver segundo seus meios, com aquilo que ele obtém através de seu trabalho. Nesse sentido, ele santificou seu trabalho. São João Paulo II dirá que "graças à sua oficina, onde ele exercia sua profissão ao mesmo tempo que Jesus, José fez do trabalho humano algo próximo do mistério da Redenção" (*Redemptoris custos*, nº 22). Ao decidir que a missão de seu Filho estaria enraizada em uma vida de família, Deus quis assim que o trabalho de José servisse ao crescimento humano de Jesus Cristo. Por conta disso, o trabalho de José participa da missão do Redentor. É por conta de ter colocado suas qualidades profissionais a serviço do projeto divino que José nos mostra que o trabalho é um meio de santificação. "Não é possível imaginar que José não fosse um bom trabalhador. Impossível imaginar que ele não fosse reputado tanto por sua habilidade e destreza quanto por sua honestidade e justiça. Era sabido, em Nazaré e em toda a região, que ao tratar com ele, não havia o risco de ser ludibriado, que o seu costume era entregar um trabalho de qualidade, realizado de modo consciencioso" (Gasnier).

Por isso Pierre d'Ailly vê em José, com razão, um trabalhador. Ao se perguntar como Jesus "recebe seu alimento e as coisas necessárias para a sua vida humana", d'Ailly propõe a seguinte resposta: "É, sem sombra de dúvidas, graças ao trabalho manual de José. Nós cremos que Maria e José foram pobres, mas não está escrito em parte alguma que eles tenham mendigado, ao que concluímos que [José] sustentou sua vida e aquela do Cristo pelo trabalho de suas mãos, meditando sobre essa bem-aventurança prometida por seu antepassado Davi: 'Poderás viver, então, do trabalho de tuas mãos, serás feliz e terás bem-estar'. [...] Graças ao trabalho de José, é possível, Àquele que vive no Céu sem conhecer nenhuma necessidade, comer seu pão sobre esta Terra" (*Les douze gloires de Saint Joseph* [As doze glórias de São José]).

"São José não buscava, no exercício de suas funções, uma ocasião para se exibir, ainda que sua consagração a uma vida de trabalho tenha forjado nele uma personalidade madura e bem definida. Ao trabalhar, o patriarca tinha consciência de estar cumprindo a vontade de Deus; ele pensava nos seus, em Jesus e em Maria, e trazia presente em seu espírito o bem de todos os habitantes da pequena cidade de Nazaré. [...] Sem sombra de dúvidas, José, graças a um trabalho aplicado, ajudava muitas pessoas. Seu trabalho profissional tinha por objetivo servir e tornar agradável a vida das outras famílias do vilarejo; ele as acompanhava com um sorriso, uma palavra amiga, um comentário feito de modo despretensioso, mas que trazia a fé e a alegria a quem estava prestes a perdê-las" (São Josemaría, *É Cristo que passa*).

A oração de São José

"São José se apresenta a nós como um homem de fé e de oração. A liturgia aplica a ele aquilo que Deus diz no Salmo 88: 'Ele me invocará: "Vós sois meu Pai, vós sois meu Deus e meu rochedo protetor"' (v. 27). Oh, sim, quantas vezes ao longo de suas longas jornadas de trabalho, José terá elevado seu pensamento a Deus em oração, oferecendo-lhe seu cansaço, pedindo-lhe alguma luz, algum socorro, algum reconforto. Sim, quantas vezes! Pois bem, esse homem, que parecia clamar por toda sua vida a Deus: 'Tu és o meu Pai', recebeu uma graça muito particular: o filho de Deus o tratou como seu próprio pai sobre a Terra. José invoca Deus, com todo o ardor de seu coração fiel, dizendo-lhe: 'Meu Pai', e Jesus, trabalhando ao lado dele, com suas ferramentas de carpinteiro, se dirigia a ele chamando-lhe 'pai'. Que mistério!" (João Paulo II, Homilia, 19 de março de 1983).

Os atos interiores da virtude de religião — orar, adorar a Deus —, resplandecem na vida de José. Enquanto fiel observador da Lei mosaica, ele cumpre com os atos exteriores, freqüentando regularmente a sinagoga e partindo em peregrinação a Jerusalém nos tempos prescritos.

"Santo Agostinho compara os outros santos às estrelas, mas São José, ele o compara ao Sol. O Padre Suárez vê como algo muito razoável a opinião segundo a qual São José, após Maria, ultrapassa em mérito e em glória todos os outros santos, ao que o venerável Bernardino de Bustis conclui que, no Céu, São José comanda, de certa forma, Jesus e Maria, quando ele quer obter alguma graça para seus servidores" (Santo Afonso Maria de Ligório, *Exortações para se conduzir as almas à devoção a São José*, 7ª meditação).

O canto do *Magnificat*, entoado na casa de sua prima Isabel pela Virgem Maria, nascida em meio aos pobres do Senhor (ver cap. II), expressa também a espiritualidade de José, que pertence, também ele, a esse mesmo grupo. Nesse cântico, Deus ampara os humildes que têm confiança nele. O *Magnificat* expressa "o ambiente espiritual no qual Jesus crescerá, essa vida de Nazaré na qual três pessoas pobres, honestas, trabalhadoras e fiéis a Deus permanecem no silêncio e no amor, sem nada que os distinga aos olhos do mundo [...]. José e Maria reuniram as condições necessárias para que o homem das Bem-aventuranças pudesse crescer. Um dia, este homem as expressará com toda sua força, mas não é exagero pensar que é nesse ambiente em que Jesus cresceu que ele pôde começar a vivenciá-las, a vê-las postas em prática, a aprendê-las [...]. O *Magnificat* conduz às Bem-aventuranças. Nelas, a espiritualidade dos pobres de Javé é elevada à plena realização" (Pierre Robert).

Mestre de vida interior

Trata-se de um qualificativo empregado por São Josemaría Escrivá para descrever São José. Ele escrevia, nesse sentido: "São José, nosso pai e senhor, tu, castíssimo, puríssimo, que mereceste carregar o Menino Jesus em teus braços, lavá-lo, beijá-lo, ensina-nos a nos tornar familiares com nosso Deus, a sermos puros e dignos de sermos outros Cristos. E ensina-nos a fazer como o Cristo: tornar divinos nossos caminhos (sejam eles obscuros ou luminosos); e a ensinar os homens a fazerem o mesmo, dizendo-lhes que eles podem contar com uma extraordinária força espiritual sobre a Terra" (*Forja*).

É fácil entender por que José nos é dado como modelo. São Boaventura é o primeiro dentre os grandes doutores da Igreja a fazê-lo. Ao comentar, por volta do ano 1270, em um sermão sobre o versículo de Mateus (2, 14) "levantou-se durante a noite, tomou o menino e sua mãe e partiu para o Egito", ele dizia: "Nessas palavras do Evangelho nos é dado um método curto e útil para a salvação, que é o seguinte: que aquele que quer se salvar assuma em sua vida o Cristo recém-nascido e sua Mãe, recebendo-os com devoção, para imitá-los e venerá-los; assim ele alcançará a terra de Israel, ou seja a visão luminosa e eterna de Deus. O Cristo deve ser assumido por todos nós com piedade, acolhido por todos nós, para ser venerado, seguindo o exemplo do bem-aventurado José, que o assumiu dessa forma. [...] De igual modo, a Mãe do Menino Deus deve ser aceita em nós, para que a veneremos e a tenhamos diante de nós, seguindo o exemplo do bem-aventurado José, pois ela é o exemplar acabado da humanidade evangélica, o modelo da piedade da Igreja, da devoção cristã integral, e do amor perfeito de Deus e do próximo".

Os franciscanos são os primeiros a propor José como modelo, primeiramente para os clérigos. Ao tratar das razões que justificam o casamento de José com Maria, Pierre de Olivi apresenta a última delas nos seguintes termos: "Em nono lugar, para anunciar um maior mistério, ou seja, o Cristo que nasce espiritualmente desse casamento espiritual no coração dos fiéis e na Igreja de Deus. José designa, assim, Deus Pai; ou o Cristo enquanto Esposo da Igreja; ou os prelados que são os esposos da Igreja e que, como Maria, devem ter uma fé e uma inocência virgens, segundo o Apóstolo (2Cor 11, 2): 'porque vos desposei com um esposo único e vos apresentei a Cristo como virgem pura'. E no que diz respeito à religião evangélica, que, como Maria, concebe a palavra evangélica pelo Espírito do Cristo, ele designa também os Pontífices romanos, que lhe são dados enquanto guardiões por um determinado tempo; até que o Menino, herdeiro e senhor de tudo, se livre do peso dos tutores, regentes ou pedagogos (Gl 4, 1–2)". Notamos nesse texto "a crítica da instituição eclesial, ao menos através das duas citações das Escrituras que, se citadas em sua integralidade, evocam a decadência da Igreja e a liberação escatológica da tutela do clero secular. Sob essa perspectiva, José figura como um modelo, para o conjunto dos clérigos e particularmente para aqueles situados nos mais altos postos, a começar pelo papa" (P. Payan).

CAPÍTULO VI

Aparições e milagres de São José

*Trazemos aqui, a título de exemplo, algumas
aparições do santo patriarca, bem como alguns
milagres atribuídos à sua intercessão.*

As aparições

Gaspard Ricard d'Estienne

A principal aparição de São José na França ocorreu em Cotignac, no departamento do Var.[1] Ela ocorre um século depois de uma aparição da Virgem Maria.

Com efeito, no dia 10 de agosto de 1519, a Virgem Maria, carregando o Menino Jesus em um braço, acompanhada por São Bernardo, Santa Catarina mártir e São Miguel, aparece a um lenhador de Cotignac, Jean de la Baume, e o encarrega de uma missão: "Vai dizer ao clero e aos cônsules de Cotignac que me construam uma capela sob a denominação de Nossa Senhora das Graças, e que o povo venha em procissão para ali receber os dons que quero distribuir". A construção do santuário é concluída em 1521.

No dia 3 de novembro de 1637, em Nossa Senhora das Vitórias, em Paris, Denys Antheaume ou Frei Fiacre de Sainte-Marguerite (1600–1684), irmão leigo do monastério dos agostinianos, invoca os Céus para pedir o nascimento do delfim.[2] A Santa Virgem lhe aparece por quatro vezes. Numa época em que o rei e a rainha demoravam a ter um filho, Maria apresenta uma criança ao frei, dizendo: "Este não é meu filho, mas a

---

1   O território francês divide-se não em estados, mas em departamentos — NT.
2   Sucessor do trono da França — NT.

criança que Deus quer dar à França". Ela pede que a rainha realize três peregrinações, uma até Nossa Senhora de Paris, a segunda até Nossa Senhora das Graças — na Provença — e a última até Nossa Senhora das Vitórias, em Paris. O frei Fiacre descreve o santuário da Provença, o qual ele nunca vira, e por meio dessa prova o povo crê em sua visão. Luís XIV, chamado Dieudonné, nasceria no ano seguinte. Em 21 de fevereiro de 1660, Luís XIV, aos 22 anos de idade, vem até Cotignac para agradecer a Nossa Senhora das Graças por seu nascimento.

> **Você sabia?**
>
> ### A ORIGEM DOS FIACRES
>
> *Quando a reputação de santidade do Frei Fiacre se espalhou, os cocheiros de carruagens adotaram o hábito de instalar sua efígie em seus veículos, os quais acabaram ganhando o nome de "fiacre".*

Em 7 de junho de 1660, enquanto Luís XIV se deslocava até a fronteira da Espanha para acolher a infanta Maria Teresa, nova rainha da França, é São José quem aparece a um pastor sofrendo demasiado com a sede, Gaspard Ricard d'Estienne, e lhe aponta um enorme rochedo sob o qual ele encontraria uma fonte d'água: "Eu sou José. Ergue essa rocha e tu beberás". Ao enxergar a rocha, Gaspard responde: "Eu não conseguirei, ela é pesada demais". Mas o visitante repete sua ordem. O pastor então consegue erguer o rochedo sozinho (serão necessários oito homens para deslocá-lo mais tarde), e a água começa a correr desse lugar. Gaspard reconhece: "Era São José quem estava aqui; foi ele que me deu esse poder".

Inicialmente incrédulos, os habitantes de Cotignac vão até o lugar descrito e constatam que a água agora ali corria em abundância. Não tardará para que curas se operem ali, atraindo multidões até as montanhas do Bessillon. O culto a São José se propaga rapidamente para além dos limites da Provença. No dia 9 de agosto de 1660, os cônsules do vilarejo mandam construir uma capela em honra ao santo patriarca. A comunicação com o santuário de Nossa Senhora das Graças se dá pela estradinha sobre os cumes, e entre as duas construções há um oratório dedicado ao Menino Jesus. Em um comunicado datado de 31 de janeiro de 1661, o bispo de Fréjus, Mons. Joseph Zongo Ondedei, reconhece oficialmente as aparições de São José em Cotignac e aprova o culto que lhe é prestado. Ele declara, diante da Assembléia do Clero da França: "Não posso confiar a administração da capela do esposo senão àqueles que tão bem se ocuparam da capela da esposa", a saber os oratorianos. Naquele mesmo ano, e após esses maravilhosos acontecimentos, o rei Luís XIV consagra a França a São José, chefe da Sagrada Família. Por essa mesma ocasião, Bossuet se exprime nos seguintes termos: "José mereceu as maiores honras porque ele jamais fora afetado pela honra. Nada na Igreja é assim tão ilustre, pois nada nela é assim tão oculto".

Destruído durante a Revolução Francesa, o Santuário Nossa Senhora das Graças é reconstruído em 1810. A pastoral da atual peregrinação é confiada aos Irmãos de São João. A capela de São José foi restaurada em 1978 por uma comunidade de irmãs beneditinas e tornou-se sua capela conventual. Local de peregrinação muito freqüentado, ela foi erigida em basílica menor em 2005.

A estátua de São José se encontra a três quilômetros do santuário mariano, no cume das montanhas do Bessillon, dominando assim tanto o monastério das beneditinas quanto a fonte de onde a água correu milagrosamente no século XVII.

Outras aparições...

JOANA DOS ANJOS (1602–1665)

Chamada Joana de Belcier no mundo, foi religiosa ursulina em Lyon. Ela guardava sempre a vida de São José sob os olhos, para dela meditar os aspectos e imitá-la. Ela lhe era grata por tê-la libertado de demônios que a perseguiam e curado de uma doença mortal que a havia conduzido à beira da morte. O santo apareceu diante dela um dia, mais belo que o Sol, e a exortou para que suportasse suas penas com constância e colocasse toda sua confiança em Deus. Ele lhe pede para que faça nove comunhões em sua honra, nos dias da semana correspondendo àquele em que cairia sua festa (Patrignani).

Irmã Maria Catarina de Santo Agostinho (1632–1668)

Religiosa francesa hospitaleira da Ordem dos Agostinianos, nascida em Longpré, ela serviu no Hospital da Misericórdia no Quebec (Canadá). Irmã Maria Catarina acrescentou "José" aos seus nomes, passando a se chamar Maria Josefina. Ela teve uma visão, no dia da festa da Ascensão de Nosso Senhor: enquanto o cortejo dos bem-aventurados se elevava rumo ao Céu, ela percebe São José à frente de todos, dirigindo a procissão e encontrando-se mais próximo das portas eternas. Depois de Jesus se sentar à direita de seu Pai, ela ouve São José tomar a palavra: "Eis aqui" — diz ele ao Pai eterno —, "eis aqui o talento que vós me havíeis confiado sobre a Terra. Eu vo-lo entrego hoje, não apenas em dobro, mas centuplicado pelo número de almas que há, nessa multidão incalculável, pela qual Ele pagou o preço". "Fiel servidor" — respondeu o Pai eterno —, "como foste sobre a Terra o chefe de minha [Sagrada] Família, quero que, no Céu, teu poder seja ainda o mesmo, e que tu conserves não somente o título de servidor, mas de senhor". No dia 9 de abril de 1663, São José já lhe aparecera em companhia do Pe. De Brébeuf, que visitava freqüentemente a religiosa e a auxiliava em sua oração.

Stobienia

Por volta de 1670, Stobienia, homem gravemente enfermo e sem esperança de cura residindo em Kalisz, na Polônia, reza a Deus para que o deixe morrer. Ele se dirige a São José, patrono da boa morte. Na noite seguinte, um homem idoso vem até sua casa: Stobienia reconhece São José. Este lhe diz: "Tu serás curado quando fizeres pintar este quadro da Sagrada Família com uma inscrição 'Ide a José' [ver cap. II] e tu o oferecerás à igreja colegial de Kalisz". Terminado o quadro, Stobienia o beija e é curado. Ele manda instalar o quadro na igreja colegial, o qual será coroado em 1786. Um santuário é então edificado para São José de Kalisz. No dia 4 de junho de 1997, o Papa João Paulo II vai até lá e profere uma longa homilia mostrando que "José de Nazaré, que salvou Jesus da crueldade de Herodes, ergue-se agora diante de nós enquanto um grande porta-voz da defesa da vida humana, desde sua concepção até o momento da morte natural".

Giacomo Moser, da Montagnaga di Pinè

Na província italiana de Trento, Giacomo tinha o hábito de ir ao santuário de Nossa Senhora de Caravaggio. Ele traz consigo, de lá, no início do século XVIII, uma imagem da Virgem que ele manda instalar na igreja. Ora, a Santa Virgem ali aparece por diversas vezes. Na terceira vez, no dia 8 de setembro de 1729, ela traz em seus braços o Menino, ferido e perdendo sangue, acompanhado por São Joaquim, Santa Ana e São José. Maria explica então que as feridas de seu Filho são devidas aos pecados, e exorta a que se ore muito pela conversão dos pecadores.

E outras ainda...

A vidente de Nossa Senhora do Laus, Benoîte Rencurel (1647–1718) também vê São José. Em 21 de agosto de 1879, a aparição do Cordeiro de Deus em Knock, na Irlanda, é acompanhada por aquela de Maria e de São José jovem, bem como de São João segurando o Evangelho aberto.

Conta-se de uma aparição, em data desconhecida, de um operário "de grande dignidade, trazendo uma plaina sobre o ombro e um serrote em sua mão", diante de uma pobre mulher que voltava da feira de Plumelin, perto de Locminé, no departamento do Morbihan. Tendo-a convidado a pedir a São José "a graça de bem viver e de bem morrer", o homem prediz: "aqui se verá a realização de grandes coisas, muitos virão até aqui — e de longe — para viverem juntos". Em meados do século XIX nasce a Congregação das Filhas de Jesus e São José de Locmaria, no local mesmo dessa aparição.

Quando da última aparição da Santa Virgem em Fátima, em Portugal, no dia 13 de outubro de 1917, os videntes viram a rotação e a queda do Sol — como todos que lá estavam — e, atrás do Sol, como nas varandas do paraíso, em uma sucessão de imagens breves e fulgurantes, Nossa Senhora vestida de branco, São José e o Menino Jesus vestidos em vermelho pálido. Francisco e Jacinta contam que "o Menino estava nos braços de São José, uma criancinha pequenina, pequenina, de um ano de idade aproximadamente, não muito maior que a pequena Deolinda de José das Neves [um bebê do vilarejo deles]. Ele estava vestido, como São José, em vermelho claro". Tendo se tornado religiosa em Nevers, Irmã Lúcia explicará que São José carregava o Menino Jesus e que "ambos pareciam abençoar o mundo com gestos feitos com a mão em forma de cruz".

A Santa Virgem apareceu desde 1968 em Zeitoum, na periferia do Cairo (Egito), acompanhada ao menos três vezes por São José e Jesus. Numa das vezes, o Cristo tinha a idade de doze anos e, nas outras duas vezes, a Sagrada Família se apresentava tal como nas imagens de sua estada no Egito, ou seja, a Santa Virgem sobre um asno e José segurando um cajado, de acordo com uma testemunha.

Milagres atribuídos a São José

Podemos conhecer o relato de trinta e um "Exemplos milagrosos comprovando o crédito poderoso de São José junto a Deus" publicados pelo Pe. Enfantin, em *Le mois de Saint Joseph* [O mês de São José], Lyon-Paris, 1838.

A piedade josefina dos habitantes de Avignon cresceu após o milagre ocorrido durante a construção do convento dos carmelitas descalços em sua cidade. Um trabalhador cai segurando uma pedra, ao que um carmelita então reza: "Ó São José, vem logo, socorre-o!". O jovem caíra sobre um monte de pedras, e aquela que ele trazia consigo despenca sobre seu peito. Ora, ele se reergue sem nenhum ferimento.

Um cavalheiro depravado de Veneza, tendo visto uma imagem de São José gravada sobre uma muralha, tomou a resolução de honrá-lo todos os dias. Mantendo-se fiel à sua resolução, ele passou a sentir uma forte dor por conta de seus pecados após certo tempo. Ele se confessou e morreu reconciliado com Deus.

Em 1631 abre-se uma cratera sobre o Vesúvio, donde jorra uma lava que devasta os arredores, inclusive o lugar chamado Torre do Grego. Camille ali se encontra com seu sobrinho José, de cinco anos. Ela invoca São José ao ver seu sobrinho cercado de lava. O santo salva a criança tomando-o pela mão.

Irmã Joana Rodriguez, da Terceira Ordem de São Francisco, em viagem com uma amiga, é tomada de surpresa por uma tempestade, do meio da qual elas são retiradas por um jovem rapaz, São José, que conversa com elas sobre a vaidade do mundo, e sobre o preço inestimável da graça e do amor de Deus.

Quiroga y Lozada (José de, +1720), cavalheiro espanhol originário da Galícia, submete as Ilhas Marianas ao rei da Espanha em 1699. Ao longo dos combates contra os indígenas, o recurso a São José lhe servia de escudo. Ele atribuía a São José todo o mérito de suas vitórias. Um dia, atacados por um adversário claramente mais numeroso e que fazia chover flechas envenenadas sobre seus homens, ele invoca São José. O santo patriarca lhe aparece nos ares, e o exército cristão o vê a quebrar as flechas (*História das Ilhas Marianas*).

Joana dos Anjos, já mencionada, tendo ficado enferma, e vendo-se à beira da morte, invoca São José com uma grande confiança. O santo patriarca irá curá-la de um modo milagroso e súbito.

Você sabia?

A ESCADA DE SÃO JOSÉ

O mistério do "Milagre da Escada" de São José em Santa Fé (estado de Novo México nos Estados Unidos) já dura 140 anos e atrai mais de 250 mil visitantes todos os anos até a capela de Loreto, construída pelas Irmãs de Loreto. A tradição afirma que um milagre ocorreu no momento de sua construção. As freiras se dão conta de que a escada dando acesso à tribuna do coral não havia sido construída, por um lapso. Elas fazem então uma novena a São José, patrono dos carpinteiros. No último dia de suas orações, um estrangeiro bate à porta. Ele se apresenta como carpinteiro e se propõe a construir a escada faltante. Ele a constrói sozinho. Ninguém consegue entender como a escada pode se manter sem uma viga de suporte central. O carpinteiro não utilizou nem pregos nem cola. Ele desapareceu misteriosamente, sem esperar seu pagamento. Desde então, a gente está convencida de que o carpinteiro é o próprio São José, enviado por Jesus Cristo. Desde esse dia, a "escada milagrosa" e a capela tornaram-se um lugar de peregrinação.

CAPÍTULO VII

Rezar a São José

A cronologia da devoção e do culto a São José

Século v — O nascimento de São José é celebrado pelos coptas.
800 aprox. — O Martirológio de Rheinau menciona uma festa no dia 19 de março.

1030 aprox. — É na abadia beneditina de Winchester (condado de Hampshire, Reino Unido) que a festa de São José teria sido celebrada pela primeira vez.

1324 — Os servitas de Maria celebram São José no dia 19 de março.

1476 — Sisto IV autoriza a festa de São José no dia 19 de março no Breviário e no Missal Romano da cidade de Roma. Ele aprova, atendendo ao pedido dos frades menores conventuais, uma missa de São José de rito simples.

1482 — O Breviário Romano prevê nove lições para a festa de São José.

1504 — Missa votiva própria.

1567 — Essa mesma missa é adotada pelos cartuxos.

8 de maio de 1621 — Gregório XV estende a festa litúrgica e o ofício divino ao mundo inteiro.

1642 — Urbano VIII torna a festa obrigatória.

1670 — Clemente X eleva a festa ao rito de segunda classe.

6 de abril de 1680 — Atendendo aos pedidos da Ordem dos Carmelitas, Inocêncio XI estabelece a festa do patronato de

São José para os carmelitas descalços, com ofício próprio, no 3º domingo de Páscoa.

1690 — Primeira igreja paroquial "São José" na França, em Grenoble.

4 de fevereiro de 1714 — Clemente XI dota a festa de São José de uma missa e um ofício próprios.

19 de dezembro de 1726 — Bento XIII inclui o nome de São José na litania dos santos.

31 de maio de 1783 — Pio VI aprova a coroação de uma tela milagrosa representando a Sagrada Família na cidade de Kalisz (Polônia), que atrai numerosos peregrinos.

7 de setembro de 1815 — Pio VII autoriza a inserção do nome de São José depois daquele da Santa Virgem na prece *A cunctis*.

22 de janeiro de 1836 — Gregório XVI concede indulgências particulares aos fiéis que pratiquem a devoção das Sete dores e Sete alegrias de São José em prol dos enfermos.

10 de dezembro de 1836 — Pio IX estende à Igreja Universal a festa do patronato de São José no 3º domingo de Páscoa, com um rito de segunda classe. Pio XII a deslocará para a quarta-feira seguinte.

1º de fevereiro de 1847 — Pio IX concede, por sua vez, indulgências para a mesma devoção.

1859 — Pio IX aprova a bênção do Cordão de São José, cuja devoção se havia difundido na Bélgica.

1869-1870 — Os padres conciliares do Vaticano I remetem a Pio IX um documento assinado por 153 bispos pedindo que o culto de São José ocupasse um lugar mais importante na santa liturgia. Um outro documento, assinado por 43 superiores de ordens religiosas solicita que São José seja proclamado patrono da Igreja Universal.

8 de dezembro de 1870 — Pio IX proclama São José patrono da Igreja Universal, pelo decreto *Quemadmodum Deus*.

7 de julho de 1871 — Pio IX publica a carta apostólica *Inclytum Patriarcham*, na qual ele lembra tudo aquilo que seus predecessores fizeram para promover o culto de São José.

1878 — Leão XIII, eleito papa no dia 20 de fevereiro, confia seu pontificado à "proteção de São José, patrono celeste da Igreja".

1883 — Leão XIII concede a missa e o ofício divino de São José para a quarta-feira de todas as semanas.

15 de agosto de 1889 — Encíclica *Quamquam pluries*, de Leão XIII, sobre o patronato de São José.

1892 — São aprovadas alterações na celebração litúrgica da festa de São José quando esta cai durante o tempo da Paixão e a Semana Santa.

1909 — Pio X aprova as Litanias em honra a São José, enriquecendo-a além disso com indulgências.

1911 — O *motu proprio* de 11 de julho e o decreto *Urbi et Orbi* de 24 de julho da Sagrada Congregação dos Ritos trazem alguns ajustes às festas de São José e a seu estatuto litúrgico; a festa de 19 de março torna-se a "Solenidade de São José, Esposo da Bem-aventurada Virgem Maria, Confessor e Patrono da Igreja Universal".

1919 — Bento XV inclui no missal um prefácio próprio de São José.

25 de julho de 1920 — Bento XV publica o *motu proprio Bonum sane*, e nomeia São José advogado eficaz dos moribundos, além de propor a Sagrada Família como modelo para os lares cristãos.

1921 — Bento XV inclui o nome de São José na prece popular *Bendito sea Dios*.

1º de maio de 1955 — Pio XII anuncia e institui a festa de São José Artesão (ou Operário), com missa e ofício próprios e texto do Martirológio.

11 de março de 1958 — O Penitenciário Apostólico publica a prece de Pio XII a São José, dotada de abundantes indulgências.

19 de março de 1961 — Carta apostólica *Le Voci*, de João XXIII, incentivando a devoção a São José.

1962 — João XXIII confia o concílio que ele acaba de convocar à proteção de São José.

1962 — João XXIII introduz o nome de São José no cânon romano da missa.

24 de agosto de 1965 — Coroação canônica de uma estátua de São José no primeiro convento reformado de Santa Teresa d'Ávila.

15 de agosto de 1989 — Exortação apostólica *Redemptoris custos* de João Paulo II.

19 de junho de 2013 — O Papa Francisco confirma a incorporação do nome de São José nas preces eucarísticas II, III e IV da terceira edição típica do Missal Romano, respondendo assim a um desejo de Bento XVI.

Não é difícil constatar que a devoção a São José levou tempo até se afirmar. O jesuíta Paul de Barry explica que Deus "quis deixar passar, durante dezesseis séculos, todas as devoções que seus servidores voltaram a diversos santos, todas essas honras que lhes rendemos, e todas essas diferentes maneiras de recorrer a eles para a liberação de tantos males, e para a concessão de toda sorte de santos desejos. Mas tudo isso se deu tão-somente com vistas a nos preparar para a devoção que devemos ter para com esse grande santo, cujo brilho só se revela agora, neste tempo em que vivemos" (*La dévotion a saint Joseph* [A devoção a São José]). Pierre de Natali ou Pierre Nadal (c. 1330–1406) é o primeiro a incluir São José em seu *Catalogus sanctorum*, no dia 19 de março.

São José na liturgia católica

São José é celebrado duas vezes no calendário litúrgico católico: no dia 19 de março — dia de sua festa — e no dia 1º de maio, enquanto patrono dos trabalhadores. Existe também uma missa votiva em honra a São José. Uma missa em honra a São José existia em um missal da segunda metade do século XII no convento de Saint-Florent, na baixa Áustria, intitulado *De sancto Joseph nutritore Domini*.

O prefácio é o mesmo para as três missas e fala da missão de José: "Senhor, Pai santo, Deus eterno e onipotente, é verdadeiramente nosso dever, é nossa salvação dar-Vos graças, sempre e em toda a parte, e exaltar, bendizer e proclamar a vossa bondade na [memória — festa — solenidade] do bem-aventurado São José. Homem justo, foi por Vós escolhido para esposo da Mãe de Deus; servo fiel e prudente, foi constituído chefe da vossa família, para guardar com paterna solicitude o vosso Filho Unigênito, concebido pelo poder do Espírito Santo, Jesus Cristo, Nosso Senhor. Por Ele, numa só voz, os Anjos e os Arcanjos e todos os coros celestes proclamam alegremente a vossa glória. Permiti que nos associemos às suas vozes, cantando humildemente o vosso louvor: Santo!..." (forma ordinária).

"É verdadeiramente justo e necessário, é nosso dever e nossa salvação dar-vos graças, Pai santo, Deus eterno e todo-poderoso. E nesta festa do [nesta solenidade do, nesta veneração do] bem-aventurado José, exaltar-vos com os louvores que vos são devidos, bendizendo-vos e celebrando-vos. Homem justo, dado como esposo, por vós, à Virgem Mãe de Deus, e servidor fiel e prudente, estabelecido sobre vossa família a fim de que, ocupando o lugar de um pai, ele velasse por vosso Filho único, concebido no mistério do Espírito Santo, Nosso Senhor Jesus Cristo, por quem os anjos louvam vossa majestade, as dominações a adoram, as Potestades a reverenciam, os Céus e as Forças do Céu com os bem-aventurados Serafins a celebram, unidos numa mesma alegria. Permiti que nos associemos às suas vozes, cantando humildemente o vosso louvor: Santo!..." (forma extraordinária).

"Deus todo-poderoso, que na aurora dos novos tempos confiastes a São José a guarda dos mistérios da salvação dos homens, concedei à vossa Igreja, por sua intercessão, a graça de os conservar fielmente e de os realizar até à sua plenitude. Por Nosso Senhor Jesus Cristo..." (*Oração*, 19 de março).

"Concedei-nos, Senhor, a graça de servir ao vosso altar de coração puro, imitando a dedicação e fidelidade com que São José serviu o vosso Filho Unigênito, nascido da Virgem Maria. Ele que..." (*Oração sobre as oblatas*, 19 de março).

"Deus, fonte de misericórdia, olhai para os dons que Vos apresentamos na festa de São José e fazei que estas oferendas alcancem a vossa proteção para aqueles que Vos invocam. Por Nosso Senhor..." (*Oração sobre as oblatas*, 1º de maio).

"Senhor, que na solenidade de São José alimentastes a vossa família à mesa deste altar, defendei-a sempre com a vossa proteção e velai pelos dons que lhe concedestes. Por Nosso Senhor..." (*Oração após a comunhão*, 19 de março).

"Senhor, que nos alimentastes com o Pão do Céu, ouvi as nossas súplicas e fazei que, à imitação de São José, levemos sempre em nossos corações o testemunho do vosso amor e gozemos eternamente da verdadeira paz. Por Nosso Senhor..." (*Oração após a comunhão*, 1º de maio).

"Deus, que tudo conduz com sabedoria, por caminhos que não são os nossos, Vós requerestes a José, o carpinteiro de Nazaré, que tomasse por esposa a Mãe de vosso Filho; fazei com que, mantendo-nos sob sua proteção sobre a Terra, o tenhamos por intercessor no Céu" (*Oração*, missa votiva de São José).

"Vós que nos renovastes, Senhor, por meio dos sacramentos que dão a vida, dai-nos viver na justiça e santidade, sustentados pelo exemplo e a prece de São José, homem fiel e justo, sempre disponível para vos servir" (*Oração após a comunhão*, missa votiva de São José).

"Deus, criador do universo, que estabelecestes a lei do trabalho para todos os homens, concedei-nos que, a exemplo de São José e com a sua proteção, realizemos a obra que nos mandais e recebamos o prêmio que nos prometeis. Por Nosso Senhor Jesus Cristo..." (*Oração*, 1º de maio).

[Hinos em honra a São José]

Te Joseph celebrent, hino atribuído ao Papa Clemente XI (1700–1721):

"Celebre a José a corte celeste,
prossiga o louvor o povo cristão:
Só ele merece à Virgem se unir
em casta união.

Ao ver sua esposa em Mãe transformar-se
José quer deixar Maria em segredo.
Um anjo aparece: 'É obra de Deus!'
Afasta-lhe o medo.

Nascido o Senhor, nos braços o estreitas.
A ti tem por guia, a Herodes fugindo.
Perdido no Templo, és tu que o encontras,
chorando e sorrindo.

Convívio divino a outros, somente
após dura morte é dado gozar.
Mas tu, já em vida, abraças a Deus,
e o tens no teu lar!

Oh, dai-nos Trindade, o que hoje pedimos:
Um dia no Céu, cantarmos também
o canto que canta o esposo da Virgem
sem mácula. Amém".

Este hino é recitado ou cantado durante o ofício de Vésperas da solenidade de São José e na festa de São José Operário.

Laeto cantu, seqüência para as vésperas em honra a São José (forma extraordinária do Rito Romano):

"Exaltemos o casto esposo da Virgem com um cântico alegre.

Louvemos o nutrício de um Deus encarnado.

Oh, quão nobre é o tesouro que vos foi confiado pelo Pai!

Bem-aventurado aquele a quem a Virgem Mãe se submeteu como esposa.

Quão grandes são as funções que exercestes, chefe da Sagrada Família!

Quão grande o zelo com que protegestes um Deus em sua infância!

O Rei, a quem todos os elementos são obedientes, a vós se submete.

Aquele que mantém os fundamentos mesmos da Terra se mantém sob vossa direção.

Vossa obediência nunca tarda: rumo aos confins do Egito vós conduzis o Menino com a Virgem.

Entre os braços do Salvador, é menos pela Cruz do que pelos olhos do amor que vosso amor se consuma.

Qual não é a luz de que gozais! E quão alto é o trono ao qual vos eleva vosso Filho adotivo.

Ó vós, que fostes dado como pai ao Cristo, fazei com que Ele nos seja propício,

E que vossa esposa, a Virgem Mãe, seja igualmente propícia a seus filhos. Amém".

[Títulos de São José]

Ele é chamado patriarca (ἀρχή, início, e πατήρ, pai), título conferido a um homem quando sabemos que ele é pai de um grande número de filhos. Ora, por seu casamento com Maria ele é pai do Cristo, de quem São Paulo nos diz que ele deseja "conduzir à glória numerosos filhos" (Hb 2, 10).

Ele é chamado profeta, enquanto pai reputado de Jesus, chefe dos eleitos: "Três são as propriedades dos profetas: primeiramente a iluminação superior, a interpretação das Escrituras e a manifestação das coisas ocultas. Os profetas tiveram, todos, essas três qualidades, em uma luz velada, em figuras e enigmas, ao passo que São José, iluminado por uma luz angélica, conheceu mais claramente o grande mistério do Filho de Deus, que fora, igualmente, o último de todos os profetas. E tendo esse mistério lhe sido revelado, ele pôde captar os sentidos mais ocultos das Santas Escrituras e cooperar, ele próprio, para a manifestação do mistério no mundo, segundo o tempo determinado pela divina sabedoria, educando o Filho de Deus" (Isidoro de Isolani, *São José* 3, 18).

Ele também é chamado "o grande desconhecido", por conta do silêncio que o cerca.

O hino das Laudes diz, a respeito de José, que ele é "a esperança segura de nossas vidas", "a coluna do mundo", "o advogado das causas difíceis".

São José e a missa

É possível elencar os modos através dos quais São José nos auxilia durante a celebração da Santa Missa. 1) Se Maria está presente espiritualmente no altar enquanto única co-redentora, José é seu esposo; Jesus, o Redentor, é o fruto de seu casamento. 2) Jesus chama José de pai, com a mais perfeita sinceridade; José ama a Jesus enquanto verdadeiro pai; foi ele quem alimentou, quem "preparou" — em união com Maria — o Sumo Sacerdote e a Vítima divina do sacrifício da Paixão por vir. 3) Maria e José são inseparáveis na devoção dos cristãos, bem como no plano da Encarnação redentora. 4) Durante a missa, o sacrifício é oferecido pela Igreja inteira, e para toda a Igreja. Ora, se Maria é a Mãe da Igreja, José foi designado como sendo seu pai. 5) A oração eucarística nº 1 proclama que, "em comunhão com toda a Igreja, veneramos a sempre Virgem Maria, Mãe de Nosso Deus e Senhor Jesus Cristo; e também São José, esposo de Maria, etc.". 6) Maria é nossa Medianeira para que cheguemos até Jesus, único Mediador diante do Pai; José, chefe da Sagrada Família, nos introduz à Medianeira (fonte: J. Perrin).

[Prece a São José antes da missa]

Bem-aventurado São José! O Homem-Deus que tantos reis quiseram ver e não viram, ouvir e não ouviram, vós não somente o vistes e o ouvistes, como ainda o carregastes, o beijastes, o vestistes e o guardastes. Rogai por nós, bem-aventurado José. A fim de que sejamos dignos das promessas de Jesus Cristo.

Oremos:

Deus, que nos destes um régio sacerdote, nós vos suplicamos: fazei com que, assim como São José teve a felicidade de tocar e carregar respeitosamente em seus braços vosso Filho único, nascido da Virgem Maria, possamos, nós mesmos, apresentar diante de vossos santos altares uma tal pureza de coração, uma tal inocência de vida, que possamos hoje receber dignamente o santíssimo Corpo e o precioso Sangue de vosso Filho, e que mereçamos uma recompensa eterna no século por vir. Por Jesus Cristo Nosso Senhor. Amém.

[Prece a São José após a missa]

São José, pai e protetor das virgens, guardião fiel a quem Deus confiou Jesus — Ele, a própria inocência — e Maria — Virgem entre as virgens —, rogo-vos e suplico-vos, por Jesus e Maria, duplo tesouro que vos foi tão caro: fazei com que, preservado de toda mácula, puro de espírito e de coração, e casto em meu corpo, eu sirva constantemente a Jesus e Maria, em perfeita castidade. Amém.

O culto ao coração de José

A devoção aos corações de Jesus, Maria e José surge em 1733, em Portugal e no Brasil. A devoção ao coração de São José floresce no México nos séculos XVIII e XIX. Aprovada pelo Papa Gregório XVI, o Pe. Elias dos Três Corações — carmelita descalço — inicia, em 1843, uma viagem pela França e pela Itália para promover a devoção ao coração "justo e mui humilde" de São José. O Pe. Michele Bocca, oblato de Maria, funda em 1846 a Pia União do Puríssimo Coração de José. No século XIX, surge uma literatura que difunde a devoção ao coração de José.

Contudo, durante uma audiência concedida em 18 de setembro de 1873 ao presidente da Pia União, o Papa Pio IX afirma que esse culto é um abuso e não foi aprovado pela Igreja.

No entanto, o magistério recente, especialmente aquele de São João Paulo II, sem chegar a posicionar-se oficialmente sobre o assunto, fala claramente do coração de José: "O mistério da Encarnação divina! Era tão difícil compreendê-lo, que ele devia ser primeiramente acolhido no coração dos seres humanos.

Primeiramente no Coração de Maria, o que se deu com a Anunciação em Nazaré, e em seguida no coração do esposo de Maria, José" (Homilia, 9 de setembro de 1993).

Patrono da boa morte

A Igreja sempre venerou, em São José, aquele que se prepara para morrer com plena confiança em Deus. Com efeito, a tradição nos apresenta José a morrer em profunda quietude, cercado do afeto de Jesus e de Maria. É assim que ele se apresenta em um baixo-relevo diante do altar dedicado à Santa Agonia de Nosso Senhor, na casa dos lazaristas, em Paris, diante do qual, a cada primeira sexta-feira do mês, encontram-se alguns membros da Arquiconfraria. Dentre os motivos que justificam que se invoque São José no momento da morte se encontram: "a) José é o pai de nosso Juiz, ao passo que os outros santos não são senão seus amigos; b) seu poder é mais impressionante face aos demônios; c) sua morte é a mais privilegiada e a mais doce que jamais existiu" (Patrignani).

Santo Afonso Maria de Ligório oferece também três razões para essa devoção: "A primeira é que Jesus Cristo o ama, não somente como amigo, mas também como seu pai; isso torna sua intercessão muito mais poderosa do que aquela dos outros santos. [...] A segunda razão é que São José tem mais poder sobre os demônios que nos atacam ao final de nossa vida, já que o Senhor lhe concedeu o especial privilégio de proteger os moribundos contra as armadilhas de Lúcifer, como recompensa do fato de ele, José, tê-lo salvo das armadilhas de Herodes. E a terceira, enfim, é que São José, por conta da assistência recebida à hora de sua morte, da parte de Jesus e de Maria, goza do privilégio de obter uma santa e doce morte a seus servidores; assim, se o invocamos em nossos últimos instantes, ele virá nos fortalecer por sua visita, e obter-nos ademais a assistência de Jesus e de Maria" (*Devoção a São José*).

As Litanias de São José lhe imploram enquanto "esperança dos enfermos, auxílio dos moribundos, terror dos demônios". Com efeito, ele pode nos ensinar a morrer serenamente, com a paz de um coração que expressa, até o fim, seu amor a Deus. No dia 17 de fevereiro de 1913, o Papa São Pio x erige, em Roma, o centro internacional da Pia União dos Moribundos, sob o patronato de São José. Em 15 de setembro de 1919, o Cardeal Mercier, arcebispo de Malinas e primaz da Bélgica, erige canonicamente um centro nacional dessa associação, na igreja abacial dos premonstratenses de Postel. Em 12 de dezembro de 1940, um centro dessa associação na Valônia também foi também erigido na igreja abacial dos premonstratenses de Nossa Senhora de Leffe, próximo a Dinant, pelo bispo de Namur. O objetivo desse apostolado é reunir os padres, religiosos, religiosas e fiéis leigos em uma obra organizada para socorrer, por meio de missas, comunhões, sacrifícios e boas obras, os diversos agonizantes de cada dia. Uma confraria da boa morte, sob o patronato de São José, em 1648, foi instituída na igreja dos jesuítas em Roma, a *Gesú*.[1] É a principal das confrarias da boa morte. Aquela que fora erigida na igreja de Montréjeau (Alto Garona) lhe é afiliada em 1859.

Patrono da Igreja Universal

Atendendo ao pedido premente dos padres do Concílio Vaticano I, o Papa Pio IX declara o patronato de São José sobre a Igreja Universal no dia 8 de dezembro de 1870, patronato confirmado por Leão XIII na encíclica *Quamquam pluries* de 15 de agosto de 1889.

---

[1]   Trata-se da igreja Santissimo Nome di Gesù all'Argentina, também chamada apenas de *Gesù* — NE.

"Jesus Cristo, para a glória de seu próprio nome, destinou São José ao patronato de todo o império da Igreja militante. Por isso, antes do dia do Juízo, todos os povos conhecerão, venerarão e adorarão o nome do Senhor, e os dons magníficos que Deus concedeu a São José, os quais ele quis manter quase ocultos por um longo período" (*Summa de donis sancti Joseph* 3, 6).

Ele é também patrono dos educadores da juventude, patrono das almas interiores, patrono da família cristã.

Você sabia?

Folclore

Em diversos lugares, existe a prática antiqüíssima de se fazer enormes fogueiras para a festa de São José — ou então bolos, como em Roma por exemplo —, festividade que inspirou alguns sonetos. Na Sicília existe o costume do Almoço de São José, ao qual são convidados os pobres, servidos por membros da família ou pelo cura da paróquia. Também na Sicília, por vezes, escolhe-se um ancião que se vestirá com um bom terno; a ele é dado um cajado florido que ele traz à mão, e assim ele é recebido nas famílias, participa da missa e reza pela prosperidade da cidade. Em Gela, um leilão de alimentos é organizado no dia 1º de maio; em Saragoça, no dia 19 de cada mês, doze fiéis praticam o "Dezenove", que consiste em fabricar três grandes sonhos de confeiteiro, distribuídos um para uma pessoa idosa, outro para uma jovem menina e outro para uma criança; e uns sonhos menores são oferecidos aos amigos após terem sido apresentados na igreja. Em Riccia (província de Campobasso), os habitantes têm o costume de convidar três pessoas para almoçar: um jovem, alguma pessoa casada e um ancião, representando Jesus, Maria e José. O Almoço de São José consiste em um banquete ao qual cinco pessoas são convidadas no dia 19 de março, representando Jesus, Maria, José, São Joaquim e Sant'Ana. Em Bonn (Alemanha), o Bispo Joseph Clemens (1688–1723) organizava, a cada dia 19 de março, uma procissão pela cidade, antes de convidar três pobres para sua casa. Uma refeição era oferecida em Iloilo (Filipinas) a sete pobres, em memória das Sete dores e Sete alegrias de São José. A feira da "Violeta de São José", em Nápoles, consistia em comprar flores para oferecê-las nas igrejas da cidade dedicadas a São José, ou colocá-las diante de suas estátuas. Na província de Salerno, duas procissões partiam de locais distintos, uma com uma estátua da Santa Virgem, outra com uma estátua de São José; quando elas se encontravam, no dia 19 de março, Maria oferecia um buquê de flores a São José, enquanto no dia 8 de setembro, era José quem oferecia um buquê a Maria.

[São Francisco de Sales e São José]

Francisco de Sales (1567-1622) é um perfeito modelo da devoção a São José. "Deus o animou" — diz o Padre Faber — "para tornar José conhecido em meio ao povo". Ele o amou e venerou mais do que todos. José "podia causar inveja aos anjos e gabar-se de possuir mais bens do que todos os habitantes do Céu; pois, que haverá, entre os anjos, comparável à Rainha dos Anjos, e em Deus, mais do que Deus?" (Carta a Joana de Chantal, 17 de março de 1661).

Consagrado a José desde muito cedo, Francisco se aplica, ao longo de toda a sua vida, a servir-lhe e glorificá-lo. Ele o chama de "glorioso pai de nosso Salvador e nosso amor, seu primeiro adorador com Maria, o esposo da Rainha do mundo, o modelo acabado de todas as virtudes, o exemplo consumado da virgindade, da modéstia, da humildade, da constância". Uma oração dedicatória inicia o *Tratado do amor de Deus*: "Glorioso São José, esposo de Maria, concedei-nos vossa proteção paterna; nós vo-lo suplicamos pelo coração de Jesus Cristo. Ó vós, cujo poder alcança todas as nossas necessidades e pode tornar possíveis as coisas mais impossíveis, lançai vosso olhar paterno sobre as necessidades de vossos filhos. Recorremos a vós, com plena confiança, em meio às dificuldades e sofrimentos que nos oprimem. Dignai-vos tomar sob vosso caridoso comando esta questão importante e difícil, causa de nossas preocupações. Fazei com que sua feliz resolução seja proveitosa à glória de Deus e ao bem de seus devotos servidores. Amém! [...] Ó grande São José, esposo mui amado da Mãe do Bem-Amado! Oh! Quantas vezes carregastes o amor do Céu e da Terra entre vossos braços, enquanto, ardendo com o fogo dos doces abraços e beijos dessa divina criança, vossa alma derretia de alegria quando ela declarava, ao vosso ouvido (ó Deus, quanta doçura!), que vós éreis seu grande amigo e seu pai muito amado! Antigamente, colocavam-se as lâmpadas do antigo Templo sobre flores de lírio dourado. Ó Maria e José! Par sem pares, lírios sagrados de incomparável beleza, em companhia dos quais se nutre o Bem-Amado, e nutre todos os seus amantes!".

A décima nona das *Palestras íntimas* é inteiramente consagrada a São José: "Ó, quão glorioso é este santo José! Ele não é somente patriarca, mas o corifeu de todos os patriarcas; ele não é somente confessor, mas mais do que confessor, pois em sua confissão estão contidas as dignidades dos bispos, a generosidade dos mártires e de todos os outros santos. É com razão, portanto, que ele é comparado à palmeira, rainha entre as árvores, e que tem a propriedade da virgindade, da humildade, e da constância e valentia: três virtudes nas quais o glorioso São José sobressai. [...] Os justos guardam, sempre, suas flores bem protegidas no invólucro de uma mui santa humildade [...]; oh, quão fiel foi José nesse quesito [...], pois, a despeito daquilo que ele era, qual não foi a pobreza e abjeção em que ele viveu durante toda a sua vida: pobreza e abjeção sob as quais ele mantinha escondidas e cobertas suas grandes virtudes e dignidades. Mas quais dignidades, meu Deus! Ser governador de Nosso Senhor, e não apenas isso, mas também seu pai putativo, mas também esposo de sua Santíssima Mãe!... Não há sombra de dúvida, minhas caras irmãs, que São José tenha sido mais valente que Davi, e mais sábio do que Salomão... E quão sábio não era ele, já que Deus lhe encarregara de seu Filho gloriosíssimo, e que ele fora escolhido para dele ser governador?... Sem sombra de dúvidas, São José fora dotado com todas as graças e dons merecidos pela função que o Pai Eterno lhe queria confiar, a economia temporal e doméstica de Nosso Senhor e a conduta de sua família, que era composta de apenas três, que nos representam o mistério da Santíssima e mui adorável Trindade. Maria, Jesus e José; José, Jesus e Maria: trindade maravilhosamente estimável e digna de ser honrada...".

Francisco de Sales dedica a São José a primeira igreja da Ordem da Visitação, que ele manda construir em Annecy (Alta Sabóia), dando à própria ordem São José como patrono e pai. Dentre as virtudes de José, Francisco enfatiza sua perfeita humildade, seu sentimento de indignidade, sua aceitação da pobreza material, sua submissão total à vontade de Deus, sua perseverança nas dificuldades. Francisco de Sales indica que, tal como a palmeira, José "mantém ocultas suas flores, ou seja, suas virtudes, sob o véu da mui santa humildade, até à hora da morte", ou ainda que ele passou toda sua vida na pobreza e "abjeção", a despeito de sua grandeza junto a Deus. Ele também apresenta José como o modelo da perseverança. Enfim, encontramos ainda neste santo uma perfeita obediência, bem como uma valentia e uma força que o fazem triunfar sobre o demônio e o mundo.

Para São Francisco de Sales, São José se encontra na glória do Céu em corpo e em alma ("Das virtudes de São José", *Palestras íntimas*, 19).

A intercessão de José

Ao comentar o texto de São Mateus 2, 14: "José levantou-se durante a noite, tomou o menino e sua mãe", São Boaventura escreve: "Nessas palavras do Evangelho nos é dado um método curto e útil para a salvação, que é o seguinte: que aquele que quer se salvar assuma em sua vida o Cristo recém-nascido e sua Mãe, recebendo-os com devoção, para imitá-los e venerá-los; assim ele alcançará a terra de Israel, ou seja a visão luminosa e eterna de Deus. O Cristo deve ser assumido por todos nós com piedade, acolhido por todos nós, para ser venerado, seguindo o exemplo do bem-aventurado José, que o assumiu dessa forma. [...] De igual modo, a Mãe do Menino Deus deve ser aceita em nós, para que a veneremos e a tenhamos diante de nós, seguindo o exemplo do bem-aventurado José. Pois ela é o exemplar acabado da humanidade evangélica, o modelo da piedade da Igreja, da devoção cristã integral e do amor perfeito a Deus e ao próximo".

Os homens devem buscar "o remédio para seus males [...] por meio de São José, ao qual Deus nos envia. Santo diferente dos outros, cujos poderes são finitos e limitados, o poder de José é sem termo e sem limite", escreve Antônio da Mãe de Deus em *Le Thrésor inestimable de saint Joseph* [O tesouro inestimável de São José] (1645), no qual um capítulo é dedicado a mostrar "Como todos devem recorrer a São José para toda espécie de necessidades temporais ou espirituais". Ele é o primeiro autor a apresentar José sob esse aspecto de intercessor.

[Ave, José]

> "Ave, José, imagem de Deus Pai; Ave, José, pai de Deus Filho; Ave, José, santuário do Espírito Santo; Ave, José, bem-amado da Santíssima Trindade; Ave, José, fidelíssimo coadjuvante do grande conselho; Ave, José, digníssimo esposo da Virgem Maria; Ave, José, pai de todos os fiéis; Ave, José, guardião de todos aqueles que adotaram a santa virgindade; Ave, José, fiel observador do sagrado silêncio; Ave, José, amante da santa pobreza; Ave, José, modelo de doçura e de paciência; Ave, José, espelho de humildade e obediência; Bendito sois vós entre os homens; E benditos sejam vossos olhos, que viram o que vistes; E benditos sejam vossos ouvidos, que ouviram o que ouvistes; E benditas sejam vossas mãos, que tocaram o Verbo feito carne; E benditos sejam vossos braços, que carregaram Aquele que sustenta todas as coisas; E bendito seja vosso peito, sobre o qual o Filho de Deus repousou; E bendito seja vosso coração, queimando do mais ardente amor por Ele;

E bendito seja o Pai eterno que vos escolheu; E bendito seja o Filho que vos amou; E bendito seja o Espírito Santo que vos santificou; E bendita seja Maria, vossa esposa, que vos amou como esposo e irmão; E bendito seja o anjo que vos serviu como guardião; E bendito sejam, para sempre, todos aqueles que vos amam e vos bendizem. Amém" (São João Eudes).

[Litanias de São José]

O nome de São José sempre constou nas Litanias de recomendação da alma, bem como nas liturgias particulares dos dominicanos e carmelitas. No entanto, ele desaparece das Litanias maiores quando da reforma do Breviário efetuada à época de Pio v. Sob o pontificado de Clemente xi, a Congregação dos Ritos recebeu diversas súplicas para que seu nome fosse restabelecido, mas sem resultado. O imperador da Alemanha, o grão-duque da Toscana, o eleitor palatino, o eleitor de Colônia e outros soberanos, quarenta generais e procuradores gerais de ordens religiosas insistem. Será preciso aguardar um decreto de 1726, sob Bento xiii, para que esse pedido seja atendido, e que seu nome seja restabelecido, após aquele de João Batista.

Existem diversas versões de litanias próprias a São José. Aqui daremos apenas uma delas:

Senhor, tende piedade de nós.
Jesus Cristo, tende piedade de nós.
Senhor, tende piedade de nós.

Jesus Cristo, ouvi-nos.
Jesus Cristo, atendei-nos.

Deus, Pai dos Céus, tende piedade de nós.
Deus Filho, Redentor do mundo, tende piedade de nós.
Deus Espírito Santo, tende piedade de nós.
Santíssima Trindade, que sois um só Deus, tende piedade de nós.

Santa Maria, rogai por nós.
São José, rogai por nós.
Ilustre filho de Davi, rogai por nós.
Luz dos patriarcas, rogai por nós.
Esposo da Mãe de Deus, rogai por nós.
Casto guarda da Virgem, rogai por nós.
Sustentador do Filho de Deus, rogai por nós.
Zeloso defensor de Jesus Cristo, rogai por nós.
Chefe da Sagrada Família, rogai por nós.
José justíssimo, rogai por nós.
José castíssimo, rogai por nós.

José prudentíssimo, rogai por nós.
José fortíssimo, rogai por nós.
José obedientíssimo, rogai por nós.
José fidelíssimo, rogai por nós.
Espelho de paciência, rogai por nós.
Amante da pobreza, rogai por nós.
Modelo dos trabalhadores, rogai por nós.
Honra da vida de família, rogai por nós.
Guarda das virgens, rogai por nós.
Sustentáculo das famílias, rogai por nós.
Alívio dos miseráveis, rogai por nós.
Esperança dos doentes, rogai por nós.
Patrono dos moribundos, rogai por nós.
Terror dos demônios, rogai por nós.
Protetor da Santa Igreja, rogai por nós.

Cordeiro de Deus que tirais os pecados do mundo, perdoai-nos, Senhor.
Cordeiro de Deus que tirais os pecados do mundo, ouvi-nos, Senhor.
Cordeiro de Deus que tirais os pecados do mundo, tende piedade de nós.

V. Ele constituiu-o senhor de sua casa.
R. E fê-lo príncipe de todos os seus bens.

Oremos. Ó Deus, que por uma inefável Providência vos dignastes escolher a São José por esposo de vossa Mãe Santíssima; concedei-nos, vo-lo pedimos, que mereçamos ter por intercessor no Céu, aquele que veneramos na Terra como protetor. Vós que viveis e reinais por todos os séculos dos séculos. Amém.[2]

[Escapulário de São José]

A devoção a esse escapulário deve sua origem, não a revelações ou milagres, mas, inicialmente, à Confraria do Cordão de Verona, em 1865, cujos membros traziam um escapulário como sinal de devoção a São José como protetor da Igreja e do Pontífice romano (a perda dos Estados pontifícios e a ocupação de Roma ocorreriam em 1870); e mais ainda à Madre Maria da Cruz, religiosa terciária franciscana, fundadora e superiora geral das Irmãs Franciscanas da Imaculada Conceição de Lons-le-Saunier (departamento do Jura), auxiliada por um religioso, o Padre Pierre-Baptiste, capuchinho de Reims. A religiosa começa a portar o escapulário em 1876 e, a seu pedido, o capuchinho faz o desenho dele. Esse escapulário

---

2   Existem também litanias de São José Operário.

foi aprovado, em 1893, pelo Papa Leão XIII, que confiou sua divulgação aos frades menores capuchinhos. O escapulário é fabricado por irmãs clarissas. Suas três cores evocam as três principais virtudes de São José: o roxo remete à humildade, o dourado ou amarelo à sua justiça, e o branco à sua pureza.

[Lembrai-vos de São José]

Trata-se de uma prece correspondendo ao Lembrai-vos, ou *Memorare*, dirigido à Santa Virgem e atribuído a São Bernardo. "Lembrai-vos, ó castíssimo esposo da Virgem Maria, São José, meu amável protetor, que nunca se ouviu dizer que algum daqueles que invocaram a vossa proteção e imploraram o vosso socorro tivesse ficado sem consolação. Com esta confiança, venho até vós; a vós fervorosamente me recomendo. Oh! Não desprezeis as minhas súplicas, pai adotivo do Redentor, mas dignai-vos acolhê-las favoravelmente. Amém" (Indulgenciada pelo Papa Pio IX, em 1863).

[Coroa de São José]

Prática de devoção divulgada por Jeanne (+1687), sobrinha do bem-aventurado Jean Berchmans.

As Doze Estrelas de São José.

Com o primeiro Pai-Nosso, agradeçamos a Deus Pai pelos quatro grandes privilégios que lhe aprouve conceder a São José:

1º Ele fez de São José o esposo de sua caríssima filha Maria. Aleluia! *Ave Maria*.

2º Ele confiou à guarda de São José, Maria, o trono da Santíssima Trindade. Aleluia. *Ave Maria*.

3º Ele fez de José a testemunha inquestionável da castidade de Maria. Aleluia. *Ave Maria*.

4º Ele enviou a São José um anjo para lhe dizer que não abandonasse Maria, pois ela havia verdadeiramente concebido por operação do Espírito Santo. Aleluia. *Ave Maria*.

Com o segundo Pai-Nosso agradeçamos a Deus Filho:

1º Por ter feito de São José o esposo de sua bendita mãe Maria. Aleluia. *Ave Maria*.

2º Por ter permitido que São José assistisse ao seu nascimento e lhe desse, na circuncisão, o santo nome de Jesus tal como o anjo lhe havia prescrito. Aleluia. *Ave Maria*.

3º Por ter honrado São José com o belo nome de pai, acima de todos os outros santos. Aleluia. *Ave Maria*.

4º Por ter sido submisso a São José, como um simples mortal, como um filho obediente. Aleluia. *Ave Maria*.

Com o terceiro Pai-Nosso, agradeçamos a Deus Espírito Santo:

1° Por ter feito de São José o guardião de sua esposa Maria. Aleluia. *Ave Maria*.

2° Por ter feito de São José o templo e a verdadeira morada de sua divindade. Aleluia. *Ave Maria*.

3° Por tê-lo chamado de homem justo, por tê-lo ornado com todas as virtudes e ter afastado dele toda imperfeição. Aleluia. *Ave Maria*.

4° Por ter feito de São José um advogado e um intercessor por todos aqueles que o invocam. Aleluia. *Ave Maria*.

Glória ao Pai e ao Filho e ao Espírito Santo. Como era, no princípio, agora e sempre. Amém.

======== Você sabia? ========

DITADOS DE MARINHEIROS E PESCADORES

Se o vento sopra no dia de São José, o mar se cobre de espuma: é a barba de São José; é melhor ficar no porto. (Ditado da comuna de Sète).

[O nome José]

Até o fim da Idade Média o nome José só era dado muito raramente a uma criança — talvez porque ele fosse usado entre os judeus. Uma pesquisa realizada em 150.000 cartas provenientes da administração pontifical de Avignon não traz mais do que uma dezena de casos, a maioria deles italianos (fonte: P. Payan).

Masculinos: Antoine-Joseph, Benoît-Joseph, Dyosé, François--Joseph, Ghjaseppu e Ghjiseppu (Córsega), Giuseppe, Guzeppi, Iosif, Iosipos, Iossif, Jean-Joseph, Iosep, Jef, Jeke, Jo, Joap, Joe, Joey, Joop, Joos, Jooseppi, José, José Antônio, Josee, Josef, José Luis, Josemaría, José Maria, Josep, Joseph, Joseph-Antoine, Joseph--Marie, Joska, Josephus, Józef, Jozsef, Juan José, Juozapas, Jupp, Juuso, Louis-Joseph, Marie-Joseph, Ossip, Pepe, Pepito, Peppi, Peppone, Pierre-Joseph, Paul-Joseph, Phine, Säbel, Seb, Sebel, Seefke, Seosaidh, Seosamh, Sepp, Siene, Youssef, Youssouf, Yusuf. Há uma explicação para o prenome espanhol Pepe: José é o pai putativo de Jesus, o que fora abreviado em PP. Essas iniciais se tornaram célebres, pois elas constam sobre algumas imagens do santo.

Femininos: Fiena, Fieneke, Fifine, Fina, Fine, Finie, Giuseppina, Joette, Josefina, Josépha, Josèphe, Joséphine, Josette, Josiane, Josie, Jossie, Joysiane, Jozie, Jozina, Marie-Josèphe, Pepita, Seffi.

Você sabia?

A origem da festa de São José

É logo no início do reinado pessoal de Luís XIV que a festa de São José é reconhecida com impressionante rapidez. Que o próprio leitor o julgue: o Cardeal Mazarin morre, na noite de 8 para 9 de março de 1661. Nos dias 9 e 10 de março, Luís XIV, aos 22 anos, assume o poder pessoalmente e dispõe dois conselhos para endossar suas decisões. Quanto ao ponto que aqui nos interessa, o jovem rei estava totalmente decidido, e conduziu a coisa a toque de caixa. Onde é que devemos buscar as origens da devoção de Luís XIV a São José? Provavelmente na seqüência da aparição de nosso santo perto do vilarejo de Cotignac, na Provença, no dia 7 de junho de 1660, que suscitou grande interesse na Corte e em duas princesas espanholas, as mais próximas do soberano: sua mãe, Ana da Áustria, e a infanta, Maria Teresa de Espanha. Esta última chegara na França, cruzando o rio Bidasoa com seu futuro marido... no próprio dia da mencionada aparição, para o casamento real em Saint-Jean-de-Luz.

No dia 12 de março de 1661, portanto três dias após haver assumido o poder, Luís XIV decide solenizar, sem mais tardar, o culto a São José: sua festa se torna feriado em todo o reino. Os poucos bispos que puderam ser contatados a tempo manifestaram seu aval. No dia seguinte, 13 de março, durante a reunião de seu conselho — o Conseil d'En-Haut — o rei proíbe, então, todo e qualquer comércio ou trabalho no dia 19 de março, a partir de 1661. Este fato é conhecido e relatado pelos historiadores do Grand Siècle. Em paralelo, Luís XIV consagra o reino a São José. A cerimônia ocorre na intimidade, na capela do Louvre, no sábado 19 de março de 1661. A França, como se sabe, havia sido consagrada por seu pai, o rei Luís XIII, à Santíssima Virgem, na solenidade de sua Assunção.

Na tarde desse mesmo 19 de março de 1661, após o ofício de vésperas, Bossuet, que estivera ocupado pregando a Quaresma aos carmelitas do bairro Saint-Jacques, celebra, na capela desses religiosos, as glórias do novo protetor da pátria, em presença de Ana da Áustria, sob o tema "O Senhor escolheu para si um homem segundo seu próprio coração".

A gente adaptou o ditado "Regnum Galliae, regnum Mariae" [Reino de França, reino de Maria], dizendo que a França é também reino de José. Foi o chanceler Gerson o "primeiro e mais importante promotor da glorificação de São José na Igreja" (Bento XIV). Essa primazia foi por vezes atribuída ao mestre de Gerson, Pierre d'Ailly, cuja data de publicação do tratado sobre as doze glórias de José é até hoje desconhecida.

Seja como for, "parece que, em suas obras de divulgação da devoção a São José, esses dois homens dividiram entre si o trabalho, segundo suas aptidões e seus gostos. D'Ailly é breve e absoluto, como um silogismo, um teólogo semelhante a um cavaleiro em uma armadura de ferro; Gerson já é mais manso, mais simpático, mais orador e poeta; se o primeiro é um espírito, o segundo é um coração. É de d'Ailly que nasce a idéia, a qual ele expõe de modo rigoroso e árido. A Gerson caberá a exposição moral, mística e devota. A D'Ailly cabe a iniciativa fecunda, a Gerson o desenvolvimento oratório e espiritual" (Salembier).

A França foi coberta de igrejas trazendo o título do santo patriarca e congregações religiosas reclamando seu patronato. A devoção a São José se desenvolveu particularmente na Provença.

[Relíquias de São José]

Na ausência de relíquias *ex corpore*, dado que uma crença piedosa afirma que José foi elevado ao Céu (ver cap. I), as relíquias *ex indumenta* ou das vestes que podemos venerar são, primeiramente, o manto com o qual ele teria envolvido o Menino Jesus ao nascer, bem como seus sapatos. No século XIII, os cruzados trouxeram diversas relíquias da Terra Santa: anéis, bastões, cintos, casacos etc.

Aliança de casamento. Segundo Bento XIV, "conserva-se em Perúgia [na catedral], o anel com o qual, segundo uma crença piedosa, São José desposara a Santa Virgem". A Compagnia del Santo Anello e San Giuseppe foi fundada, em 1487, para garantir sua guarda. Ela encomendou a Pinturicchio, e em seguida a Capoali, um quadro para o altar da capela São José da catedral; tendo ambos desistido da encomenda, é finalmente Perugino quem o realiza, em 1500–1504. Mas as igrejas de Semure, na Borgonha, e de Siena, na Itália, reivindicam essa mesma relíquia.

Bastão. A cidade de Florença conserva o bastão de José que florescera miraculosamente no Templo de Jerusalém no momento de seu casamento com Maria. As flores em questão são representadas brancas, significando a virgindade de José — de preferência lírios —, podendo as flores ser substituídas por folhas. O bastão pode servir para se carregar uma trouxa ou um cantil. Alguns fragmentos desse bastão são conservados em Roma, na Igreja Santa Cecília, bem como na colegial de Arícia e na catedral de Anagni. Um bastão de viagem que opera milagres era conservado em Annecy (Alta Sabóia).

Cinto. Trazido de uma cruzada, por volta de 1248, pelo Senhor de Joinville, após a primeira cruzada de São Luís. Ele mandou que a depositassem em uma capela construída *ex professo*, e na qual o próprio Senhor de Joinville foi enterrado, sob a seguinte inscrição: "*Nos zona sancti Josephi e Terra Sancta asportata ab eo feliciter donati* etc.". Richelieu e Luís XIII ali estiveram para venerar a relíquia. Ela se encontra em um relicário — o atual data de 1868 — na igreja de Nossa Senhora em Joinville (Alto Marne).

Meias. Elas eram conservadas, pelo que se dizia, em Aix-la-Chapelle. A Santa Virgem teria pedido que José as cortasse para aquecer o Menino Jesus, na falta de outros panos para que pudessem envolvê-lo. Durante a segunda metade do século XIV, a iconografia, o teatro e as canções populares se apropriam do tema (fonte: P. Payan). Umas pantufas um pouco maiores são preservadas também na abadia Saint-Siméon de Trèves.

Camisa. Os franciscanos de Castel Gandolfo afirmam dispor de um pedaço de sua camisa.

Han. É o som que sai do peito de um homem quando ele corta lenha. Um dos *hans* de São José era guardado em uma garrafa, em Courchiverny, perto de Blois.

Manto. É possível encontrar pedaços de seu manto nas igrejas de Roma Chiesa Nuova, Santa Maria Maior, Santa Prudenciana, São Marcos e Santa Suzana, Santos Apóstolos, San Lorenzo in Lucina, San Silvestre a Monte Cavallo, Santa Anastasia in Palatino, Santa Maria Regina Coeli alla Lungara; e, fora de Roma, na colegial de Arícia, naquela de Marino, na catedral de Anagni, na igreja paroquial de Castel Gandolfo. Um casaco teria sido também encontrado em Toledo.

Ossos. Os camaldulenses de Túsculo possuiriam "ossos de São José", de cuja autenticidade se pode duvidar pela razão evocada anteriormente.

Pálio. Um cônego de Digne teria trazido um pedaço do pálio utilizado por São José, para a capela Saint-Joseph de La Péruse.

Vestimentas. A igreja romana Santa Cecilia in Trastevere as possui, bem como os passionistas de Monte Calvi e os franciscanos de Frascati. Em 1141, em Bolonha, quando da descoberta do corpo de São Petrônio na Igreja Santo Estêvão, algumas *reliquiae sancti Joseph* teriam sido descobertas, o que dá testemunho, ao menos, de um culto prestado ao santo em Bolonha.

Santuários

Isidoro de Isolanis previa, no século XVI, que, "antes do dia do Juízo, ocorrerá que todos os povos conhecerão, venerarão e adorarão o nome do Senhor, proclamando os benefícios que

Deus nos garantiu por meio de São José, e que ele quis manter ocultos durante muito tempo. É por isso que o nome de São José será garantia de inúmeros benefícios. Santuários serão construídos e festas serão celebradas em sua honra; os povos lhe farão promessas e as cumprirão. Pois o Senhor abrirá os ouvidos da inteligência dos fiéis, e homens célebres sondarão os dons interiores de Deus ocultos em São José, e encontrarão aí um tesouro excelente, como os santos patriarcas do Antigo Testamento não encontraram. Tudo isso se dará sobretudo por efeito da iluminação dos santos anjos".

No Puy-en-Velay (Alto Loire), no alto de um rochedo de 60 metros, foi colocada uma imensa estátua de São José com o Menino Jesus. No vão desse rochedo há uma gruta. Ao lado dele há um santuário, ocupado hoje em dia por três padres da Comunidade São Martim. A graça própria ao santuário é a da "cura interior".

O mais importante santuário e ponto de peregrinação dedicado a São José no mundo se encontra em Montreal (província de Quebec, Canadá). Trata-se do Oratório São José, sobre o Mont-Royal.

Era, em sua origem, uma simples capela construída em 1904, a 155 metros de altura, sobre o Mont-Royal, por iniciativa de Irmão André. A construção do atual edifício se inicia em 1924 e é concluída em 1967. Seu domo tem 60 metros de altura, com um diâmetro de 39 metros. A cruz apical domina a cidade a 300 metros de altura. É a terceira maior igreja do mundo, após a Basílica de São Pedro em Roma e a Basílica de Nossa Senhora da Paz de Yamoussoukro (Costa do Marfim).

Muitas são as muletas, bengalas e próteses deixadas como *ex-voto* pelos doentes curados no oratório. Elas cobrem os muros de uma capela votiva construída com esse fim.

Uma *via crucis* de tamanho real foi inaugurada em 1951 nos jardins anexos. Ela comporta quarenta e dois personagens distribuídos em dezesseis estações. Um grande monumento a São José, carregando o Menino Jesus em seus braços, foi inaugurado em 1923. A inscrição *Ite ad Joseph* aparece sobre a base. O museu do oratório conta mais de 900 presépios provenientes de todo o mundo.

O oratório, instituído enquanto basílica em 1955, atrai mais de dois milhões de peregrinos por ano. O Papa São João Paulo II veio ali rezar em 1984.

[Irmão André]

Alfred Bessette (1854–1937), conhecido como Irmão André, hoje Santo André, é provavelmente um dos maiores apóstolos de São José que a Igreja já conheceu. Nascido na região de Montreal, ele perde seu pai aos quatro anos de idade e sua mãe aos dez anos. Os dez filhos da família são distribuídos entre familiares caridosos. Alfred é confiado a Timothée Nadeau, esposo de sua tia materna. A despeito de sua saúde frágil, Alfred deve começar a trabalhar ainda muito jovem, como auxiliar na fazenda. Já a essa época ele passa seu tempo livre a rezar e a conversar com São José, que o prepara à realização de sua futura missão. Em 1870, Alfred Bessette é aceito como irmão leigo junto aos Irmãos da Santa Cruz e torna-se Irmão André. É neste ano que o Papa Pio IX estabelece São José como patrono da Igreja Universal. No dia 22 de agosto de 1872, Alfred faz sua primeira profissão religiosa e é nomeado porteiro do Colégio Nossa Senhora. Ele permanecerá no cargo durante quarenta anos, buscando imitar cada vez mais São José; ele continua a conversar com o patriarca.

As curas milagrosas se multiplicam graças à sua intervenção, ou melhor, como ele gosta de repetir, graças à intervenção de São José que age por meio de André. As autoridades do colégio desejam adquirir um terreno sobre o Mont Royal, vizinho ao colégio, temendo que um hotel por demais barulhento venha a ser construído. Após longas esperas acompanhadas de decepções, o terreno é finalmente adquirido, no dia 22 de julho de 1869: diversas medalhas de São José haviam sido enterradas pelo Irmão André e pelo Irmão Aldéric, também ele fervoroso devoto de São José — sobretudo depois de ele ter sido milagrosamente curado pelo Irmão André. André começa a preparar o pequeno caminho — a alameda São José, subindo até o terreno. Em seguida um quiosque é construído, e Irmão André, instalando uma estatueta do santo, vem até ali rezar freqüentemente. A partir de então, os prodígios se multiplicarão, e as provações também: Irmão André será alvo de zombarias, oposições, traições, suspeitas e até mesmo calúnias.

A despeito disso, um primeiro oratório poderá ser construído em 1904. Ampliado pouco a pouco, ele é abençoado em 1912 pelo arcebispo de Montreal. A basílica começa a ser erigida em 1924. Irmão André morre em 1937, antes de poder ver sua obra concluída, mas sua missão estava cumprida. Àqueles que vinham até ele em busca de cura para suas enfermidades, Irmão André pedia que rogassem a São José — ele próprio lhe rogava com freqüência e sugeria a seus amigos as preces adaptadas a suas necessidades.

"Ó bom São José, fazei por mim aquilo que faríeis se estivésseis em meu lugar, nesta Terra, com uma família numerosa e um comércio difícil de se administrar. Bom São José do Mont Royal, ajudai-me e atendei-me".

Irmão André foi canonizado em 2010.

[Peregrinação na França]

Principais pontos de peregrinação josefina na França, além de Cotignac:

Chambérat (Allier), peregrinação a São José Libertador no 3º domingo de Páscoa.

Châteauneuf-sur-Cher (Cher), peregrinação a São José dos pais de família de Berry, concluindo-se na Basílica Nossa Senhora das Crianças.

Cros-Garnon (Lozère), peregrinação a São José no mês de junho.

Espaly-Saint-Marcel (Alto Loire), peregrinação a São José da Boa Esperança no dia 19 de março, no dia 1º de maio e em 5 de janeiro, por ocasião da festa de Santo André.

La Pérusse (Alpes de Alta Provença), capela São José do século XVIII, peregrinação em agosto.

Montligeon (Orne), peregrinação a São José Operário em Nossa Senhora de Montligeon no dia 1º de maio.

Paray-le-Monial (Saône-et-Loire), peregrinação a São José dos homens solteiros, casados, pais de família, religiosos e padres em julho, seguindo diversas rotas.

Plounévez-Quintin (Côtes-d'Armor), peregrinação organizada no dia 1º de maio pelo Village Saint Joseph, passando por quatro capelas.

Puimisson (Hérault), peregrinação a Saint-Joseph-de-Mont-Rouge no 1º de maio, peregrinação diocesana dos pais de família no último fim de semana de junho, centro de recepção dos peregrinos.

Roussas (Drôme), santuário fundado pelo Abade Garnier em 1872, peregrinação por ocasião da festa de São José em 19 de março.

Saint-Jean-Lagineste (Lot), peregrinação diocesana em 1º de maio ao Monte São José, peregrinação dos homens por ocasião do 19 de março.

Villedieu-La-Blouère (Maine-et-Loire), peregrinação a Saint-Joseph-du-Chêne; a edição de 2018 foi a 163ª.

Villeneuve-au-Chemin (Aube), capela Saint-Joseph-des-Anges, de 1891, peregrinação pelo 1º de maio.

> **Você sabia?**
>
> A PRIMEIRA IGREJA SÃO JOSÉ
>
> A primeira igreja paroquial São José, na França, foi inaugurada em Grenoble (Isère), em 1690. Ela foi elevada ao estatuto de basílica menor no dia 14 de abril de 1937.
>
> A igreja Saint-Joseph-des-Fins, na planície de Fins em Annecy (Alta Sabóia), foi concluída em 1941. Elevada a basílica menor em 1964, ela é conhecida por seus cinco sinos, reprodução exata do sino da liberdade que soou em 1776, no momento da proclamação de independência americana, na Filadélfia.

Concluamos com uma nota anedótica.

ELES SE CHAMAM SÃO JOSÉ...

Existe um vinho Saint-Joseph — de Denominação de Origem Controlada (DOC) — do vale do Ródano setentrional, produzido em 26 comunas da Ardèche e do Loire.

Algumas flores receberam um nome josefino:

Lírio de São José, em Natal (África do Sul), da família das amarilidáceas, de tons amarelados e alaranjados.

Bastão de São José (*Vara de San José*, em espanhol), liliáceo tuberculoso, chamado comumente de "falangeiro de flores-de--lis", comum em locais altos; mas este é também o nome comum de diferentes flores. O *Asphodelus fistulosus* é chamado em espanhol *Varica de San José*. A *Legenda áurea*[3] conta que São José foi eleito esposo de Maria, pois o bastão que ele trazia por vezes em mãos se cobriu milagrosamente de flores-de-lis.

As "ervas de São José" são dez plantas utilizadas na cura de cortes e contusões inerentes ao ofício de carpinteiro, a saber jovibarba, milefólio, *sedum, plantago major*, succisa dos prados, tussilago, passo-de-burro, banqueta (*Kandis perfoliata*), brunela, e oleandro. O poder medicinal da succisa é conhecido desde a Antigüidade.

---

3 Ou *Legenda sanctorum*, coletânea de narrativas hagiográficas do século XIII — NT.

FICHA CATALOGRÁFICA

Tourneau, Dominique Le.
Tudo sobre São José: Como conhecê-lo, imitá-lo e pedir sua intercessão / Dominique Le Tourneau; tradução de Felipe Lesage —
Campinas, SP: Ecclesiae, 2021.

ISBN: 978-65-87135-39-7

Título original: *Tout savoir sur Saint Joseph*.

1. José. 2. Cristianismo.
I. Autor. II. Título.
CDD — 232.932 / 230

ÍNDICES PARA CATÁLOGO SISTEMÁTICO
1. José — 232.932
2. Cristianismo — 230

Este livro foi composto em Sabon LT Pro
e impresso pela Gráfica Guadalupe, São Paulo-SP, Brasil,
nos papéis Chambril Aven 80 gr/m²
e Cartão Triplex 250 gr/m².